Inhaltsverzeichnis

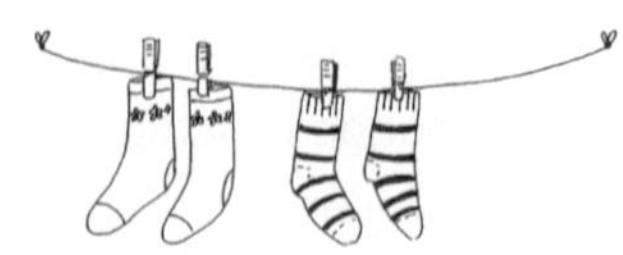

II. Das Teilen durch 10, 2, 5, 4, 8

Auf dem Bauernhof – Das Teilen durch 10

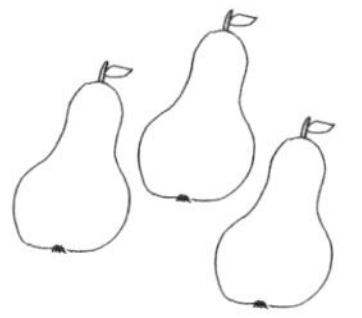

Socken und Schuhe – Das Teilen durch 2

Viele Spiele – Das Teilen durch 5

Berufe – Das Teilen durch 4

Geburtstagsfeier – Das Teilen durch 8

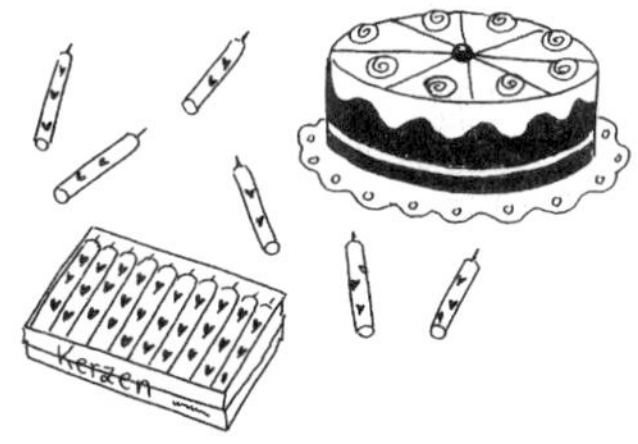

Vorbemerkungen

Die Gesetzmäßigkeiten der Mathematik eignen sich hervorragend zum eigenen Entdecken. Die Darbietung des Unterrichtsstoffes in Schulbüchern bietet Kindern mit Schwierigkeiten beim Rechnen aber in der Regel zu wenig Struktur. Damit auch Kinder mit Problemen zum Nachdenken ermutigt werden, müssen Beispiele angeboten werden, die überschaubar sind, sich in Zahlenräumen bewegen, die für die Kinder erfassbar sind, und besondere Schwierigkeiten gesondert thematisieren. Kinder können so ihr Vorwissen aktivieren und auf höhere Zahlenräume übertragen.

Eltern und Lehrkräfte nehmen oft Probleme beim Erlernen des Rechnens nicht wahr, die für Kinder zum Stolperstein werden können. Im numerischen Bereich stolpern viele Kinder beim Übergang vom konkret-anschaulichen zum abstrakten Rechnen. Das Zählen mit den Fingern oder „Rechendrill" helfen da nicht weiter. Mit der Verwendung der Mengenbilder in Zweieranordnung, die sehr einprägsam ist, wird den Kindern eine „Brücke" zur Abstraktion geboten. Ihr abstraktes Denken wird durch anschauliche Mengenbilder unterstützt und geprägt, mit denen sie dann zu „wirklichen" mathematischen Operationen (nicht zum Dazuzählen mit den Fingern etc.) fähig sind. Zudem eignen sich diese Mengenbilder dazu, den erweiterten Zahlenraum in unserem Dezimalsystem auf anschauliche Weise aufzubauen.

Durch die **Zweieranordnung** der Mengen können besondere Schwierigkeiten wie z.B. die Zehnerübergänge anschaulich dargestellt werden. Die Ursprünge der Zweieranordnung gehen auf Kühnel in den Zwanzigerjahren zurück.[1] Die „Formzahlbilder" wurden von Prof. Dr. Schröter erprobt.[2]

Eine weitere Hilfe ist es, jede Menge mit einem einprägsamen **„Standard"** (Margarita Wittoch) zu verbinden, an den sich ein Thema anschließt (z.B. Thema „Spielen" bei der Menge 5 in Anlehnung an den Standard „Hand"). In den höheren Zahlenräumen werden Themen verwendet, die im Unterricht gezielt bei der Einführung eines neuen Lernschritts zum Entdecken durch Handeln anregen sollen.

Auch der **immer gleiche Aufbau der Mengen und Übungsformen** kommt Kindern mit Rechenproblemen entgegen. Er ermöglicht es ihnen, die Aufmerksamkeit innerhalb der einzelnen Lernschritte auf Inhalte zu richten. Sie können so im eigenen Tempo, relativ selbstständig, im Stoff voranschreiten.

In dem vorliegenden Band werden diese Hilfen konsequent eingesetzt.

---

[1] Vgl. KÜHNEL, J. (1922): Neubau des Rechenunterrichts, Leipzig (Klinkhardt)
[2] Vgl. SCHRÖTER, G. (1989): Mathematik in der Grundschule – Die Methode der Formzahlbilder, Regensburg (Wolf)

Ausgewählte weiterführende Literatur

ABELE, A.; KALMBACH, H. u. a. (1993): Handbuch der Grundschulmathematik. 1. und 2. Schuljahr. Stuttgart
ASTER, M. v.; LORENZ, J. H. (Hrsg.) (2005): Rechenstörungen bei Kindern. Göttingen (Vandenhoek & Ruprecht)
DIMIDI – Deutsches Institut für medizinische Dokumentation und Information (Hrsg.) (1994)
FRITZ, A.; RICKEN, G.; SCHMIDT, S. (Hrsg.) (2003): Rechenschwäche. Weinheim, Basel, Berlin (Betz)
GANSER, B. (Hrsg.) (1995): Rechenstörungen (1. Aufl.). Donauwörth (Auer)
GANSER, B. (Hrsg.) (2004): Rechenstörungen (5. überarb. Aufl.). Donauwörth (Auer)
GERSTER, H.-D. (1982): Schülerfehler bei schriftlichen Rechenverfahren. Freiburg (Herder)
GRISSEMANN, H.; WEBER, A. (1990): Grundlagen der Praxis der Dyskalkulietherapie. Stuttgart (Huber)
ICD-10, Internationale statistische Klassifikation der Krankheiten und verwandter Gesundheitsprobleme. Bd. 1. Stand August 1994. Bern (Huber), S. 387.
KÜHNEL, J. (1922): Neubau des Rechenunterrichts. Leipzig (Klinkhardt)
LORENZ, J. H.; RADATZ, H. (1993): Handbuch des Förderns im Mathematikunterricht. Hannover (Schroedel)
SCHRÖTER, G. (1989): Mathematik in der Grundschule – Die Methode der Formzahlbilder, Regensburg (Wolf)

Hinweise zur Arbeit mit Band 4A und 4B

In Anlehnung an die Bände 1 und 2 ist jede Einmaleinsreihe unter ein **Thema** aus dem Erfahrungsbereich der Kinder gestellt, das wieder als Anregung zum Handeln zu verstehen ist und das Üben interessanter gestaltet. Ebenso unterstützt der gleichbleibende Aufbau jedes Abschnitts die Orientierung besonders für Kinder mit Rechenproblemen und ermöglicht selbstständiges Arbeiten. So haben Kinder die Möglichkeit, sich mit mathematischen Strukturen bei der Multiplikation und Division handelnd auseinanderzusetzen und diese Erkenntnisse in ihr Vorwissen zu integrieren.

Wie im bayerischen Lehrplan[3] in Anlehnung an Radatz[4] vorgeschlagen, erarbeiten auch wir in „Rechnen ohne Stolperstein" die Einmaleinsreihen mit sogenannten **Kernaufgaben** (vgl. auch Schröter 1989). Wir verwenden dafür den Begriff **„Zauberaufgaben"**, da er uns für eine handelnde Umsetzung im Unterricht geeigneter erscheint. Mit einigen gebastelten Zylindern lassen sich konkrete Situationen schaffen, die die Kinder zum Überlegen anregen: Was ist mit der Zauberaufgabe passiert? Welche Aufgabe ist neu entstanden? So können Kinder ohne Verwendung unübersichtlicher Gleichungen Einsicht in die **Ableitungen** gewinnen. Verschiedene Ableitungsmöglichkeiten für ein und dieselbe Aufgabe (so ließe sich $4 \cdot 5$ z. B. durch $2 \cdot 5 + 2 \cdot 5$ oder $5 \cdot 5 - 1 \cdot 5$ ableiten) haben wir bewusst auf nur eine Möglichkeit reduziert, da mehrere Möglichkeiten bei rechenschwachen Kinder leicht zum Stolperstein werden können. Selbstverständlich sollten verschiedene Ableitungsmöglichkeiten zugelassen werden, wenn Kinder diese selbst finden.

„Zauberaufgaben" scheinen bei den ersten Einmaleinsreihen oft unnötig zu sein, da diese leichter auswendig gelernt werden können. Bei einer größeren Anzahl an Einmaleinsreihen entstehen jedoch zusehends Unsicherheiten beim Erinnern der Ergebnisse. Dies gilt auch in höheren Klassen, in denen das Einmaleins nicht mehr kontinuierlich geübt wird. Hier zahlt sich dann der Umgang mit „Zauberaufgaben" aus, weil er den Kindern Hilfen bietet, Ergebnisse abzuleiten.

Wie auch von Radatz u. a.[5] vorschlagen, wird das **Teilen** nicht unmittelbar nach jedem Einmaleins behandelt. Kinder sollten zunächst eine gewisse Sicherheit in der Multiplikation und im Zahlenraum bis 100 erlangen, bevor mit dem Dividieren begonnen wird. Ob dies nach der Erarbeitung des 4er-Einmaleins oder erst später erfolgt, kann durch die Konzeption der Blätter individuell gehandhabt werden. Wir haben uns bei der Einführung des Teilens bewusst auf das „Aufteilen" von Mengen beschränkt, da ein Hinzunehmen des „Verteilens" Kinder erfahrungsgemäß erheblich verwirrt.

Das **Teilen mit Rest** wird zwar angeboten, der Schwerpunkt ist dabei aber das Kennenlernen dieser Möglichkeit. Wir nehmen dies deshalb erst in den zweiten Einmaleins-Band (Rechnen ohne Stolperstein 4B) auf und nur in sehr beschränktem Umfang. Dabei wird von uns die zwar mathematisch „falsche", aber für Kinder einleuchtende und gängige Restschreibweise angeboten (vgl. auch Radatz, S. 100).

Weitere Informationen und Materialien, insbesondere zahlreiche Rechenspiele, finden Sie auf der Webseite: *www.rechnen-ohne-stolperstein.de*

---

[3] Vgl. STAATSINSTITUT FÜR SCHULPÄDAGOGIK UND BILDUNGSFORSCHUNG (2000): Lehrplan für die Grundschule in Bayern. München

[4] Vgl. RADATZ, H.; SCHIPPER, W.; DRÖGE, R.; EBELING, A. (1998): Handbuch für den Mathematikunterricht an Grundschulen, 2. Schuljahr. Hannover (Schroedel)

[5] ebd. S. 81

Von der Plusaufgabe zur Malaufgabe!

1 · 1

Einführung

$5 + 5 + 5 = __$

$3 \cdot 5 = __$

$1 + 1 + 1 + 1 = __$

$4 \cdot 1 = __$

$2 + 2 + 2 + 2 + 2 + 2 + 2 + 2 + 2 + 2 = __$

$10 \cdot 2 = __$

Verschiedene Päckchen! Wie oft?

$1 = __$

$__ \cdot 1 = __$

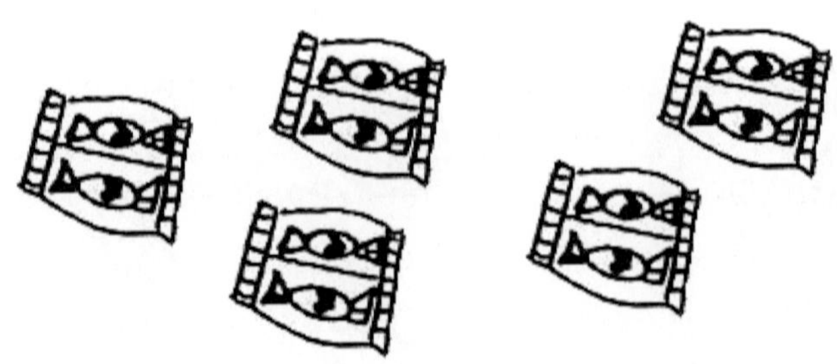

$2 + 2 + 2 + 2 + 2 = __$

$__ \cdot 2 = __$

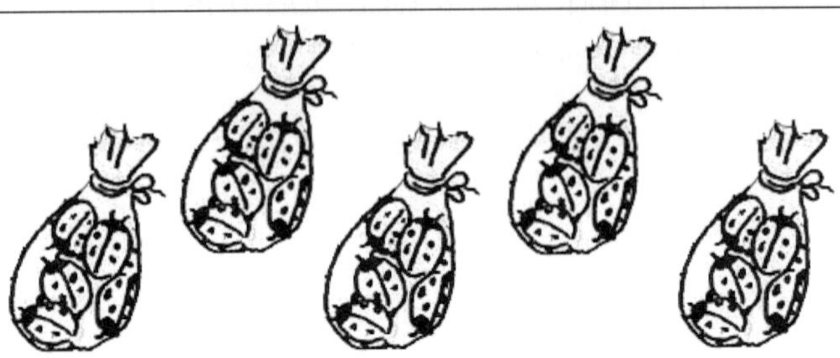

$5 + 5 + 5 + 5 + 5 = __$

$__ \cdot 5 = __$

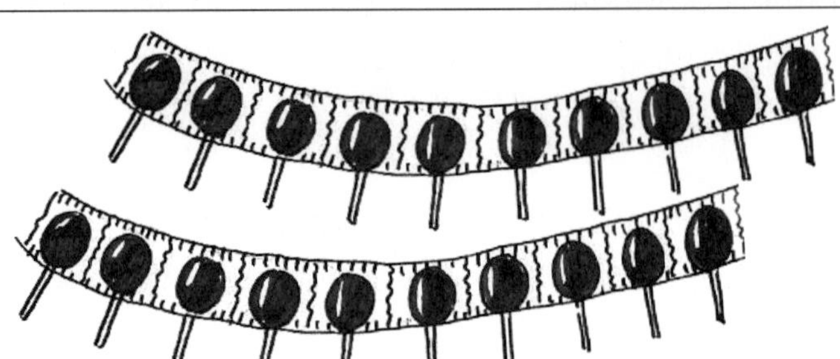

$10 + 10 = __$

$__ \cdot 10 = __$

978-3-589-15989-5 | Kistler/Schneider: Rechnen ohne Stolperstein, Band 4A. Illustrationen: Kristina Klotz

Wie heißt die Malaufgabe?

1·1
Einführung

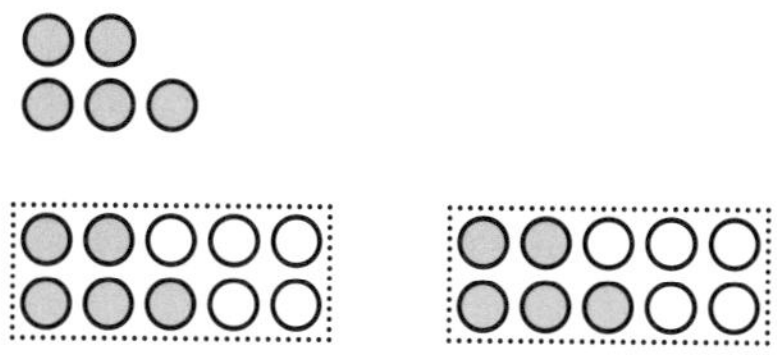

$5+5+5+5+5=$ ☐

☐ · ☐ = ☐

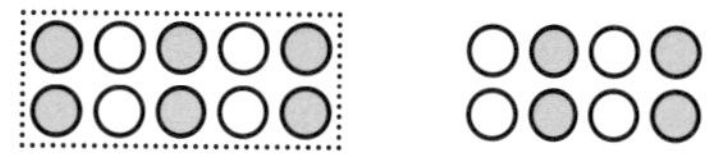

$2+2+2+2+2+2+2+2+2=$ ☐

☐ · ☐ = ☐

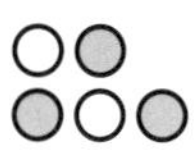

$1+1+1+1+1=$ ☐

☐ · ☐ = ☐

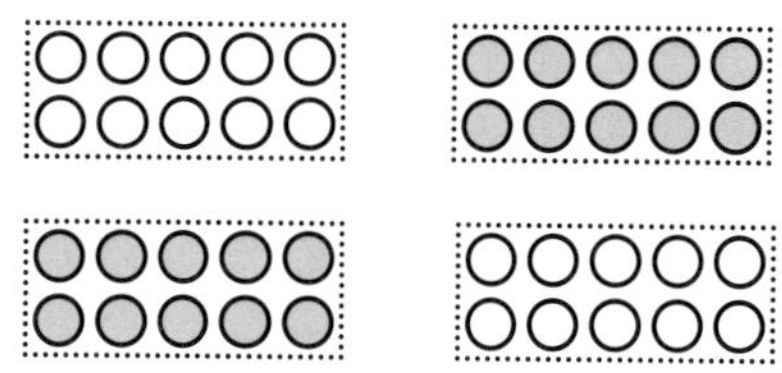

$10+10+10+10=$ ☐

☐ · ☐ = ☐

Verbinde die Päckchen und Malaufgabe!

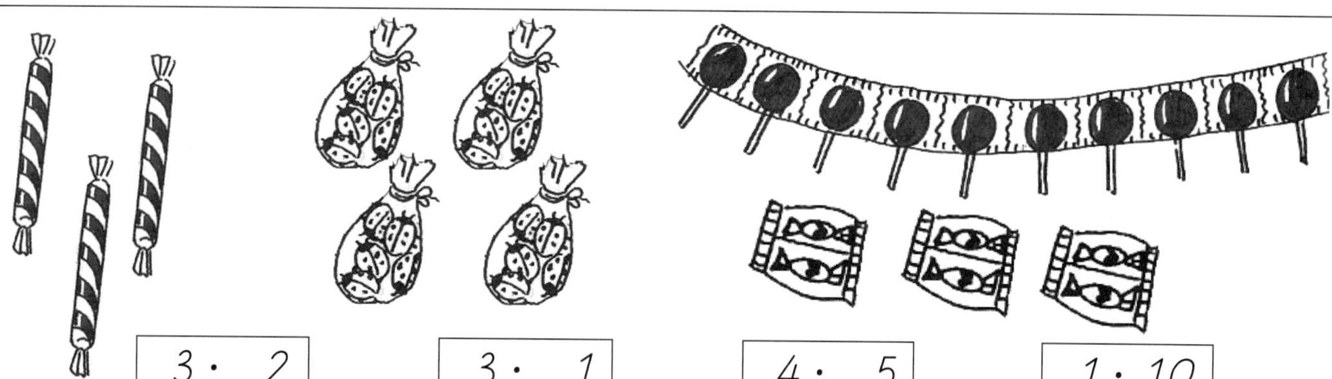

3 · 2	3 · 1	4 · 5	1 · 10

Male passende Plus- und Malaufgaben gleich an!

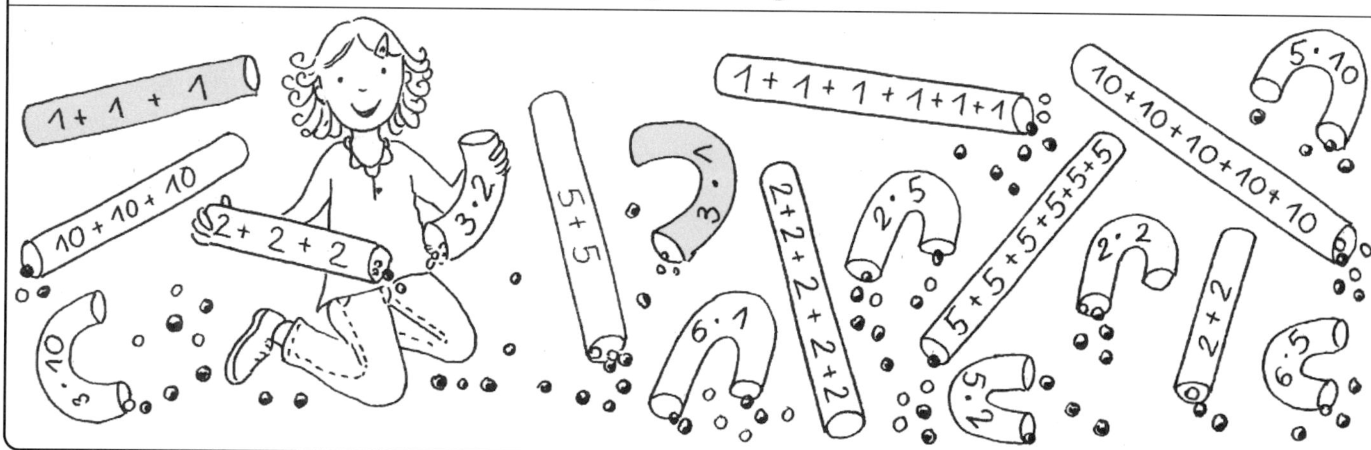

Plusaufgaben und Malaufgaben mit **1**

1·1
mit
1

$1+1+1+1=$ ☐☐

$4\cdot 1=$ ☐☐

$1+1+1+1+1+1=$ ☐☐

$6\cdot 1=$ ☐☐

$1+1+1+1+1=$ ☐☐

$5\cdot 1=$ ☐☐

Rechne plus und mal!

$1=$ ☐☐ $1\cdot 1=$ ☐☐	$1+1+1+1+1+1=$ ☐☐ $6\cdot 1=$ ☐☐
$1+1=$ ☐☐ $2\cdot 1=$ ☐☐	$1+1+1+1+1+1+1=$ ☐☐ $7\cdot 1=$ ☐☐
$1+1+1=$ ☐☐ $3\cdot 1=$ ☐☐	$1+1+1+1+1+1+1+1=$ ☐☐ $8\cdot 1=$ ☐☐
$1+1+1+1=$ ☐☐ $4\cdot 1=$ ☐☐	$1+1+1+1+1+1+1+1+1=$ ☐☐ $9\cdot 1=$ ☐☐
$1+1+1+1+1=$ ☐☐ $5\cdot 1=$ ☐☐	$1+1+1+1+1+1+1+1+1+1=$ ☐☐ $10\cdot 1=$ ☐☐

978-3-589-15989-5 | Kistler/Schneider: Rechnen ohne Stolperstein, Band 4A. Illustrationen: Kristina Klotz

Wie heißt die Malaufgabe?

1 · 1 mit 1

☐ · ☐ = ☐	☐ · ☐ = ☐	☐ · ☐ = ☐
☐ · ☐ = ☐	☐ · ☐ = ☐	☐ · ☐ = ☐
☐ · ☐ = ☐	☐ · ☐ = ☐	

Male nur Ergebnisse des 1er-Einmaleins bis 10 aus!

1 0 6 11 7 20 9 3 31 50 4 13 8 12 10 2 5

Male gleich aus, was zusammengehört!

Mützen: 8, 6, 10, 3, 7, 1, 9

Pullover: 3 · 1, 8 · 1, 9 · 1, 10 · 1, 6 · 1, 1 · 1, 7 · 1

Plusaufgaben und Malaufgaben mit **10**

$10+10+10+10+10+10=$ ☐☐

$6 \cdot 10 =$ ☐☐

1·1 mit 10

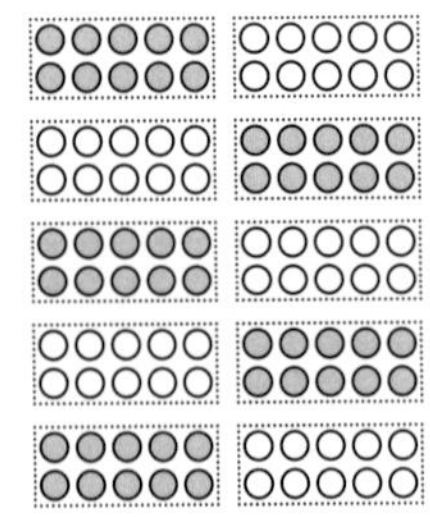

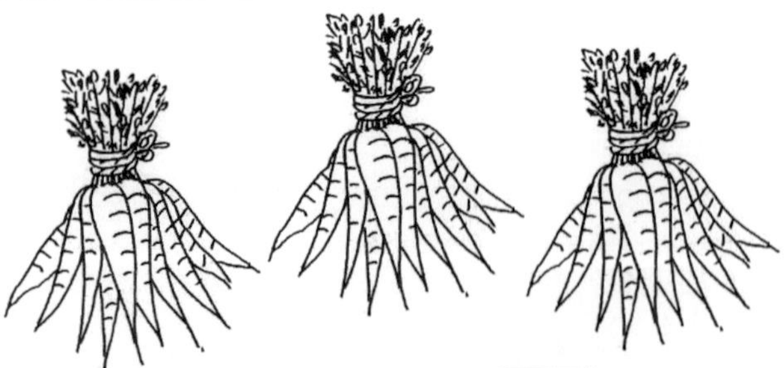

$10+10+10=$ ☐☐

$3 \cdot 10 =$ ☐☐

$10+10+10+10=$ ☐☐

$4 \cdot 10 =$ ☐☐

Rechne plus und mal!

$10 =$ ☐☐

$1 \cdot 10 =$ ☐☐

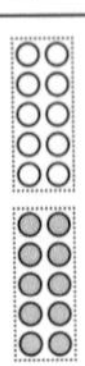

$10+10=$ ☐☐

$2 \cdot 10 =$ ☐☐

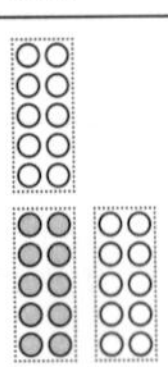

$10+10+10=$ ☐☐

$3 \cdot 10 =$ ☐☐

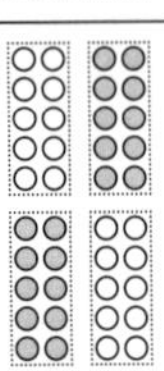

$10+10+10+10=$ ☐☐

$4 \cdot 10 =$ ☐☐

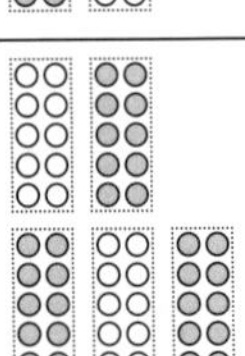

$10+10+10+10+10=$ ☐☐

$5 \cdot 10 =$ ☐☐

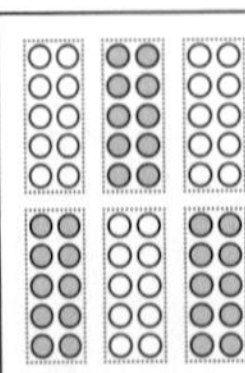

$10+10+10+10+10+10=$ ☐☐

$6 \cdot 10 =$ ☐☐

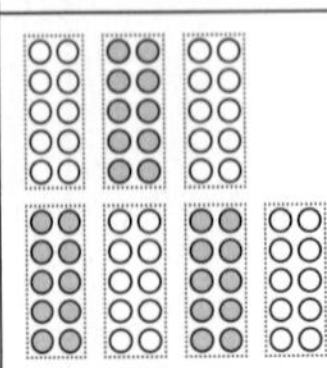

$10+10+10+10+10+10+10=$ ☐☐

$7 \cdot 10 =$ ☐☐

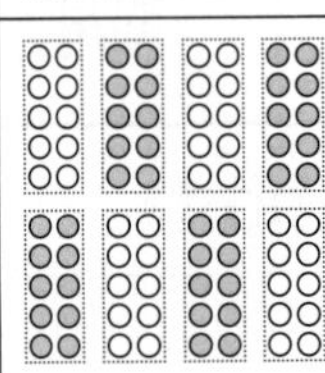

$10+10+10+10+10+10+10+10=$ ☐☐

$8 \cdot 10 =$ ☐☐

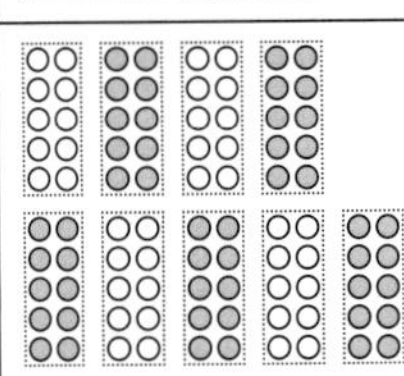

$10+10+10+10+10+10+10+10+10=$ ☐☐

$9 \cdot 10 =$ ☐☐

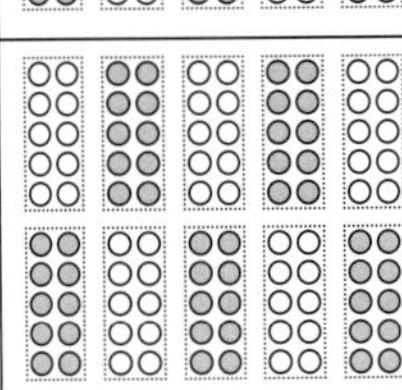

$10+10+10+10+10+10+10+10+10+10=$ ☐☐☐

$10 \cdot 10 =$ ☐☐☐

978-3-589-15989-5 | Kistler/Schneider: Rechnen ohne Stolperstein, Band 4A. Illustrationen: Kristina Klotz

Wie heißt die Malaufgabe?

☐☐ ◯ ☐☐ ◯ ☐☐

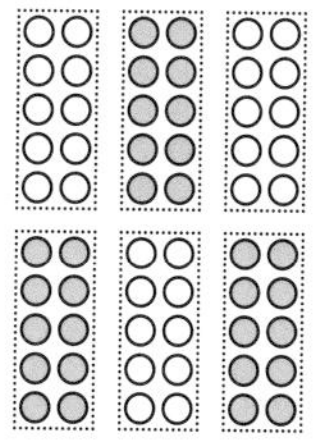

☐☐ ◯ ☐☐ ◯ ☐☐

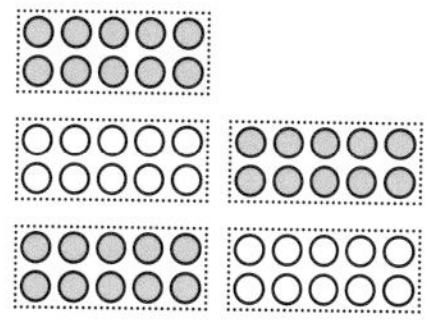

☐☐ ◯ ☐☐ ◯ ☐☐

$1 \cdot 1$ mit

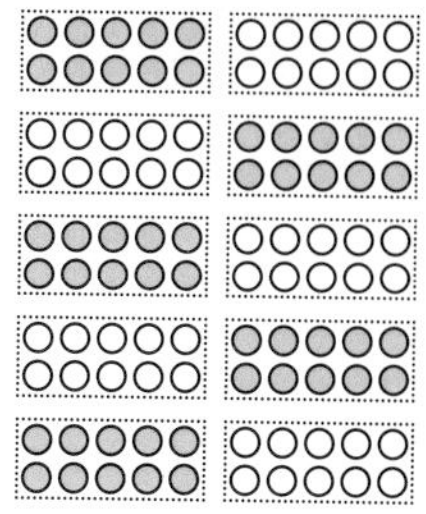

10

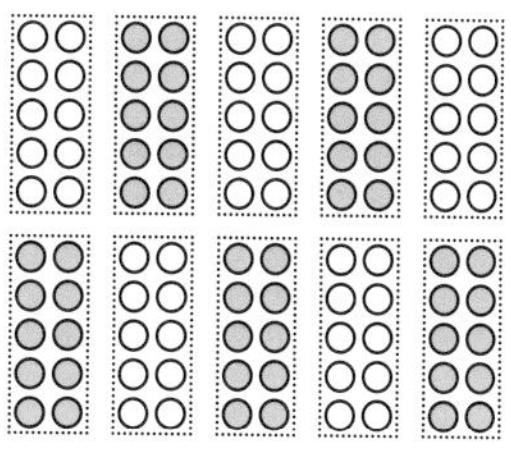

☐☐ ◯ ☐☐ ◯ ☐☐

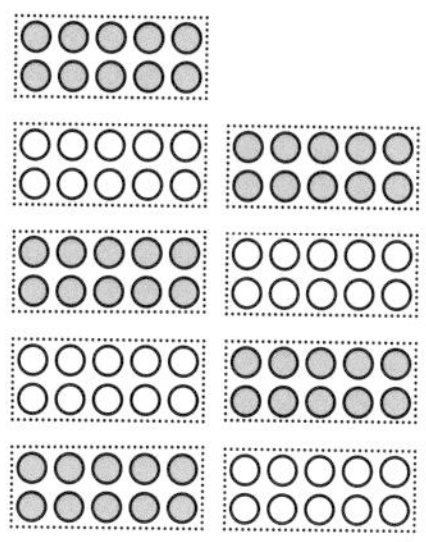

☐☐ ◯ ☐☐ ◯ ☐☐

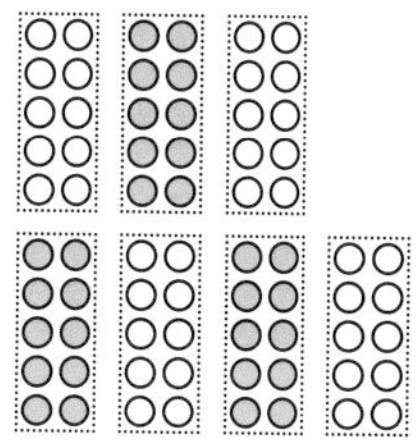

☐☐ ◯ ☐☐ ◯ ☐☐

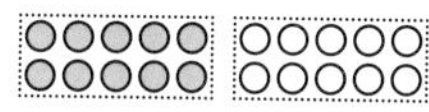

☐☐ ◯ ☐☐ ◯ ☐☐

Rechne und verbinde dann die Ergebnisse der Reihe nach!

$6 \cdot 10 =$ ☐☐	$9 \cdot 10 =$ ☐☐
$2 \cdot 10 =$ ☐☐	$8 \cdot 10 =$ ☐☐
$4 \cdot 10 =$ ☐☐	$5 \cdot 10 =$ ☐☐
$7 \cdot 10 =$ ☐☐	$1 \cdot 10 =$ ☐☐
$3 \cdot 10 =$ ☐☐	$10 \cdot 10 =$ ☐☐

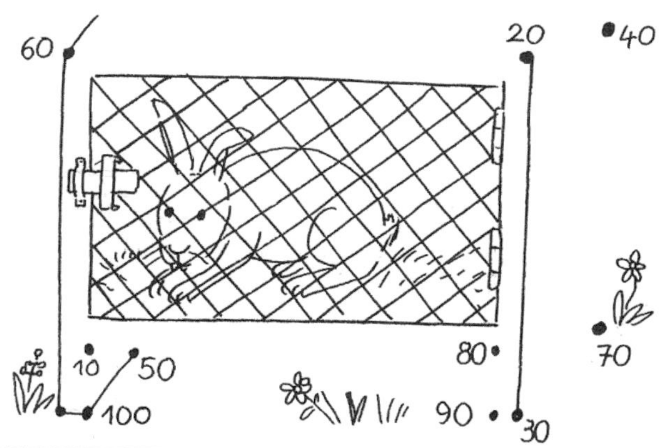

Rechne!

$6 \cdot 10 =$ 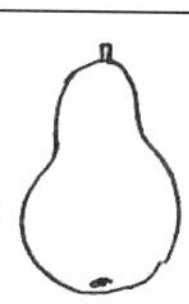

$3 \cdot$  $= 30$

 $\cdot\ 10 = 60$

$3 \cdot 10 =$ 

$4 \cdot$  $= 40$

$9 \cdot$ 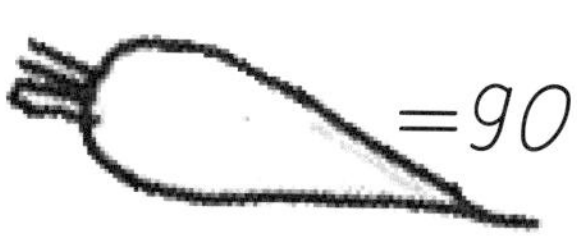 $= 90$

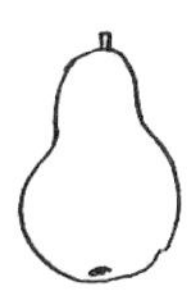 $\cdot\ 10 = 50$

$2 \cdot$ 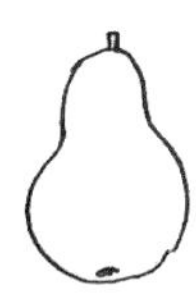 $= 20$

Plusaufgaben und Malaufgaben mit **2**

1 · 1 mit 2

2 + 2 + 2 + 2 + 2 = ___

5 · 2 = ___

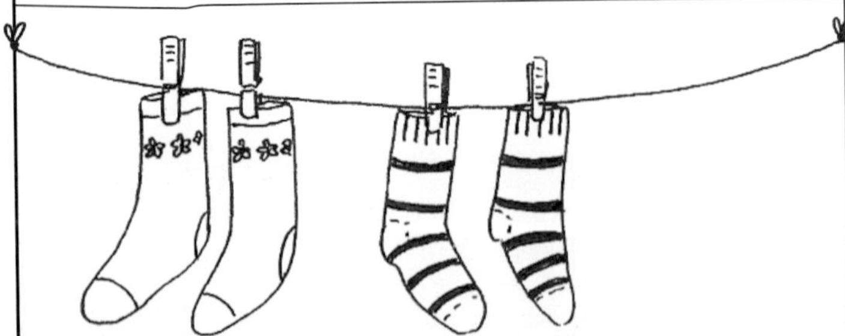

2 + 2 = ___

2 · 2 = ___

2 + 2 + 2 + 2 + 2 + 2 + 2 + 2 + 2 + 2 = ___

10 · 2 = ___

Rechne plus und mal!

2 = ___

1 · 2 = ___

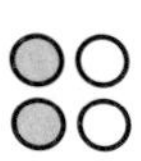

2 + 2 = ___

2 · 2 = ___

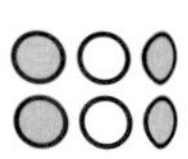

2 + 2 + 2 = ___

3 · 2 = ___

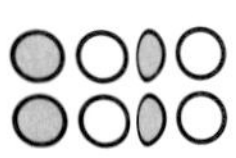

2 + 2 + 2 + 2 = ___

4 · 2 = ___

2 + 2 + 2 + 2 + 2 = ___

5 · 2 = ___

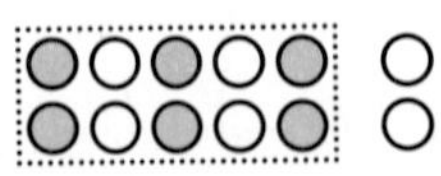

2 + 2 + 2 + 2 + 2 + 2 = ___

6 · 2 = ___

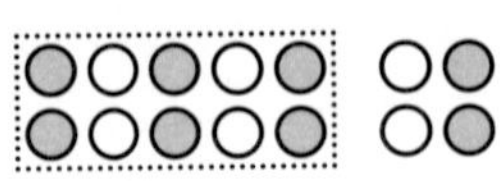

2 + 2 + 2 + 2 + 2 + 2 + 2 = ___

7 · 2 = ___

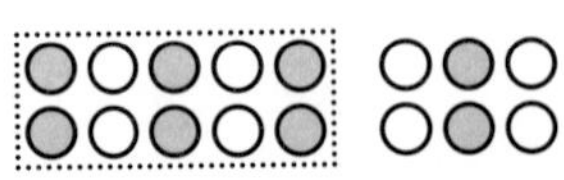

2 + 2 + 2 + 2 + 2 + 2 + 2 + 2 = ___

8 · 2 = ___

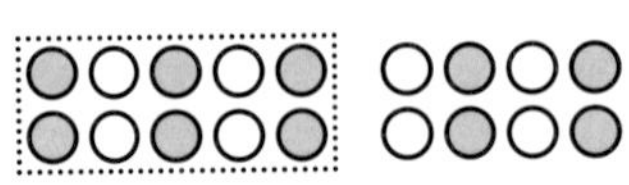

2 + 2 + 2 + 2 + 2 + 2 + 2 + 2 + 2 = ___

9 · 2 = ___

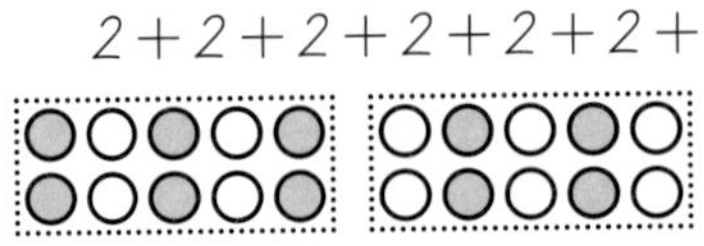

2 + 2 + 2 + 2 + 2 + 2 + 2 + 2 + 2 + 2 = ___

10 · 2 = ___

978-3-589-15989-5 | Kistler/Schneider: Rechnen ohne Stolperstein, Band 4A. Illustrationen: Kristina Klotz

Wie heißt die Malaufgabe?

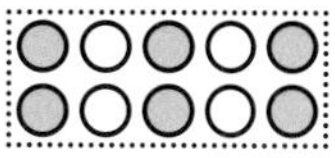

☐ ◯ ☐ ◯ ☐

☐ ◯ ☐ ◯ ☐

☐ ◯ ☐ ◯ ☐

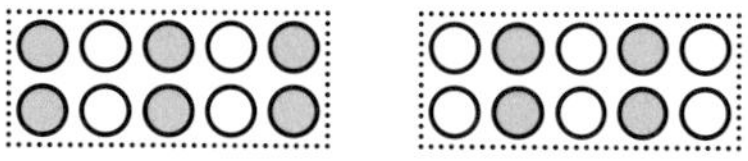

☐ ◯ ☐ ◯ ☐

Male die Aufgabe!

2 · 2 = ☐	10 · 2 = ☐	5 · 2 = ☐

Male nur die Ergebnisse des 2er-Einmaleins aus!

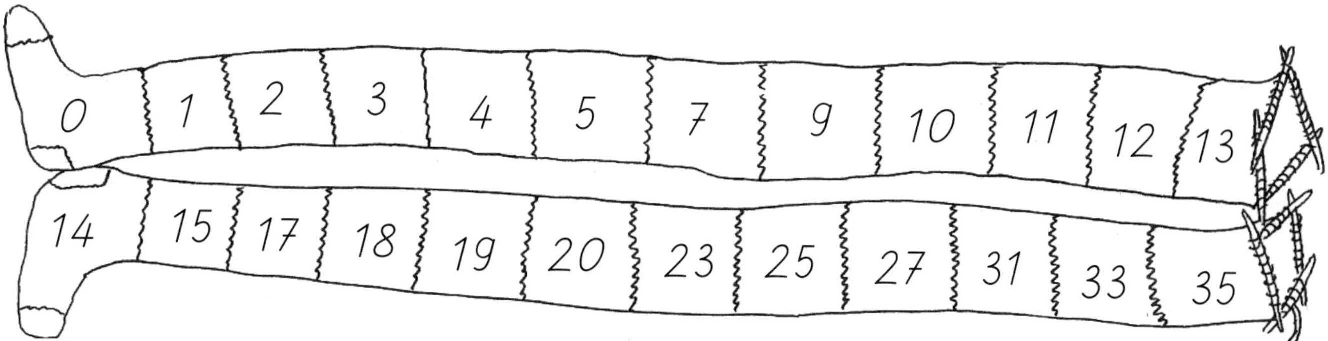

Rechne!

Immer 2 gehören zusammen: Male gleich aus!

Rechnen mit der Zauberaufgabe*!

1·1 mit 2

1 · 2 = ☐☐

2 · 2 ⊕ 1 · 2 → 3 · 2 = ☐☐

5 · 2 ⊖ 1 · 2 → 4 · 2 = ☐☐

5 · 2 ⊕ 1 · 2 → 6 · 2 = ☐☐

5 · 2 ⊕ 2 · 2 → 7 · 2 = ☐☐

10 · 2 ⊖ 2 · 2 → 8 · 2 = ☐☐

10 · 2 ⊖ 1 · 2 → 9 · 2 = ☐☐

2 · 2 → ☐☐ · 2 = ☐☐

10 · 2 → ☐☐ · 2 = ☐☐ ; ☐☐ · 2 = ☐☐

5 · 2 → ☐☐ · 2 = ☐☐ ; ☐☐ · 2 = ☐☐ ; ☐☐ · 2 = ☐☐

1 · 2 → ☐☐

Welche Zauberaufgabe hilft dir?

6 · 2 = ☐☐ — ☐☐ · ☐☐ = ☐☐

9 · 2 = ☐☐ — ☐☐ · ☐☐ = ☐☐

8 · 2 = ☐☐ — ☐☐ · ☐☐ = ☐☐

4 · 2 = ☐☐ — ☐☐ · ☐☐ = ☐☐

7 · 2 = ☐☐ — ☐☐ · ☐☐ = ☐☐

3 · 2 = ☐☐ — ☐☐ · ☐☐ = ☐☐

* Kernaufgabe

978-3-589-15989-5 | Kistler/Schneider: Rechnen ohne Stolperstein, Band 4A. Illustrationen: Kristina Klotz

Schreibe auf!

Die Zweierzahl nach 7 ist: 8

Die Zweierzahl nach 16 ist: ☐

Die Zweierzahl nach 15 ist: ☐

Die Zweierzahl nach 0 ist: ☐

Die Zweierzahl nach 9 ist: ☐

Die Zweierzahl nach 19 ist: ☐

Die Zweierzahl nach 8 ist: ☐

1 · 1 mit 2

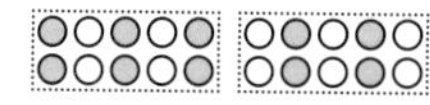

1 · 2 = ☐

2 · 2 = ☐

5 · 2 = ☐

10 · 2 = ☐

Rechne und verbinde der Reihe nach im Bild!

6 · 2 = ☐	8 · 2 = ☐
1 · 2 = ☐	7 · 2 = ☐
9 · 2 = ☐	10 · 2 = ☐
5 · 2 = ☐	0 · 2 = ☐
3 · 2 = ☐	4 · 2 = ☐

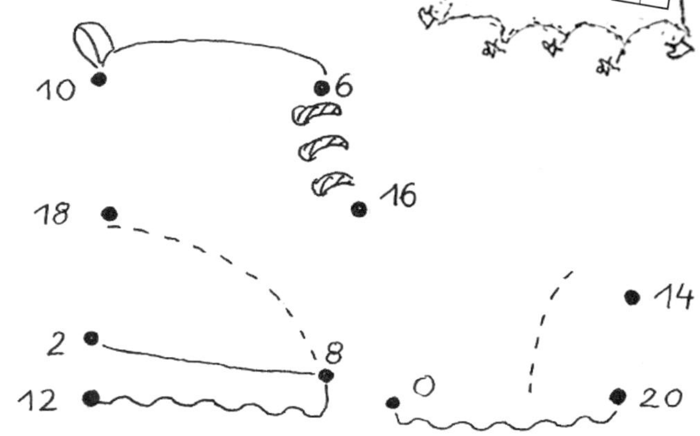

Rechne!

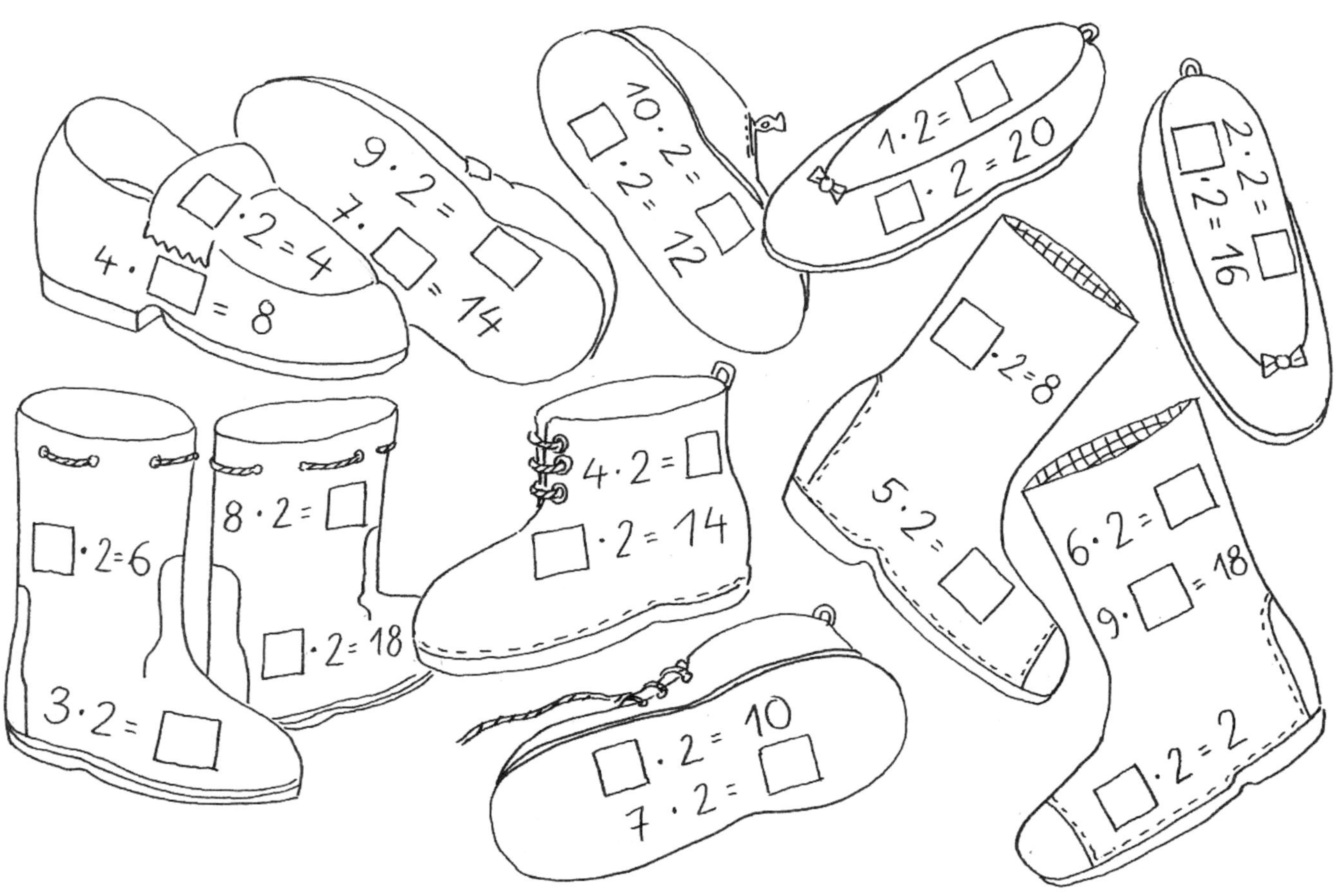

Achtung: 1·1 gemischt!

1·1
mit

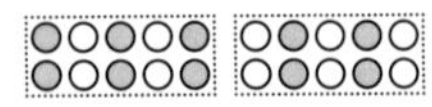

2
2/10

6 · 10 = ☐

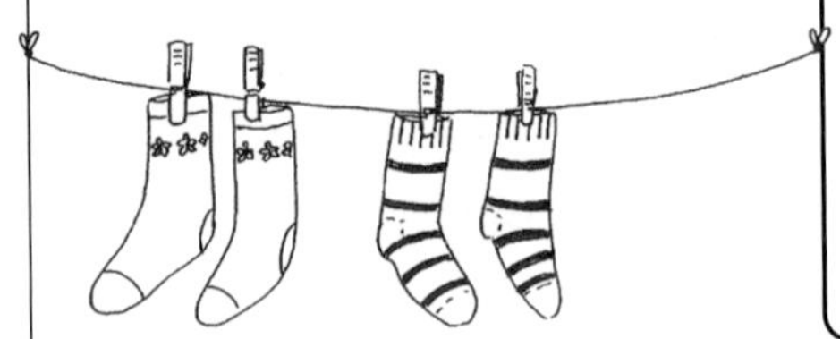

2 · 2 = ☐

1 · 2 = ☐
2 · 2 = ☐
5 · 2 = ☐
10 · 2 = ☐

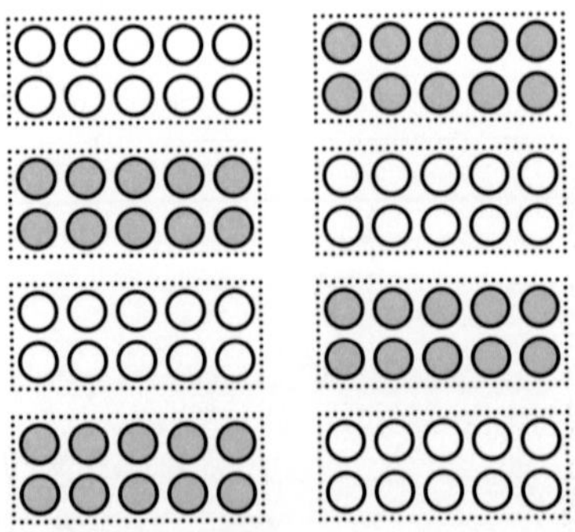

8 · 10 = ☐

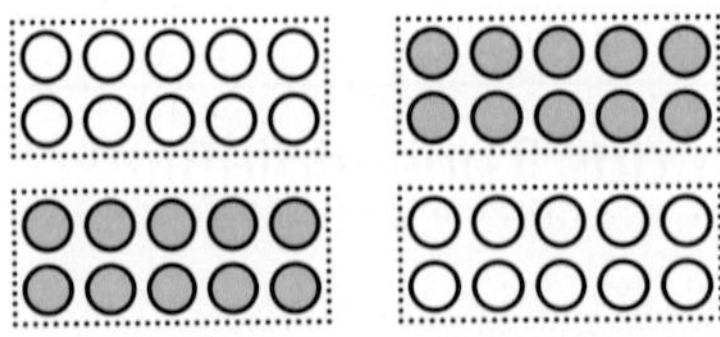

4 · 10 = ☐

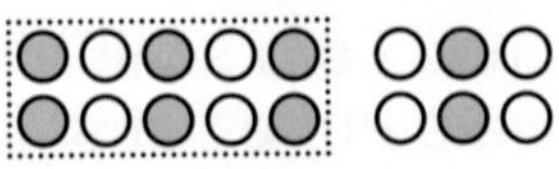

8 · 2 = ☐

Rechne und male die Ergebnisse unten aus!

6 · 10 = ☐	10 · 2 = ☐	2 · 10 = ☐	7 · 2 = ☐
1 · 2 = ☐	9 · 10 = ☐	8 · 10 = ☐	7 · 10 = ☐
9 · 2 = ☐	4 · 2 = ☐	1 · 10 = ☐	2 · 2 = ☐
5 · 10 = ☐	4 · 10 = ☐	3 · 2 = ☐	3 · 10 = ☐
3 · 2 = ☐	10 · 10 = ☐	6 · 2 = ☐	8 · 2 = ☐

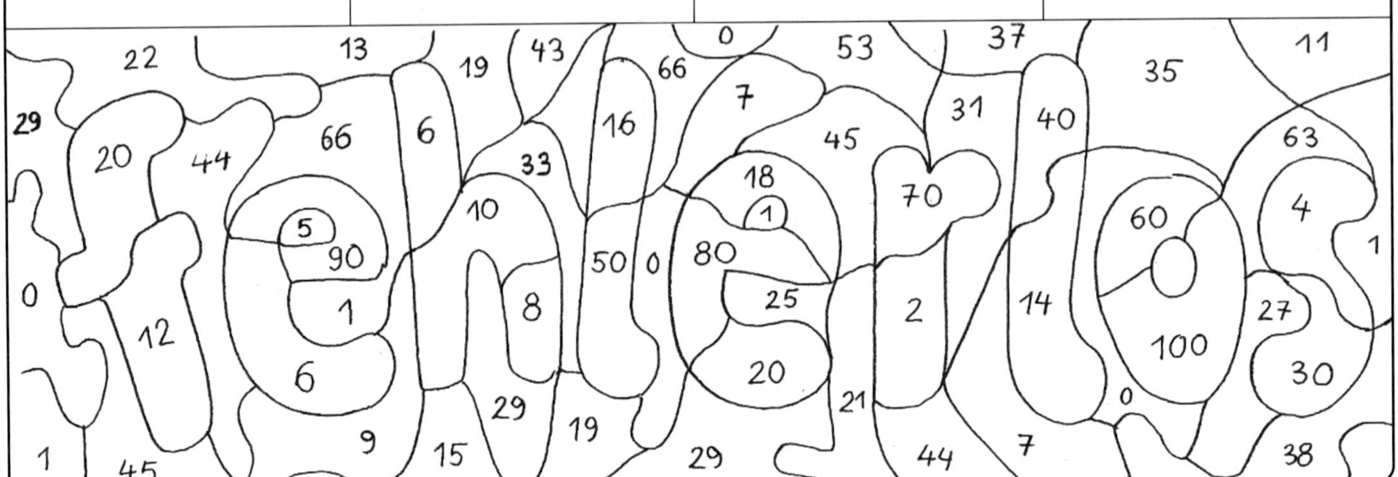

978-3-589-15989-5 | Kistler/Schneider: Rechnen ohne Stolperstein, Band 4A. Illustrationen: Kristina Klotz

Rechengeschichten

1 · 2 = ☐☐
2 · 2 = ☐☐
5 · 2 = ☐☐
10 · 2 = ☐☐

1·1 mit 2

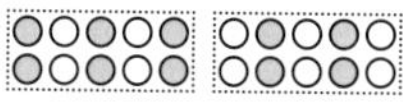

Beim Schulfest verkleiden sich acht Kinder als Tausendfüßler.
Wie viele Füße hat der Tausendfüßler?

Wir rechnen: ☐☐ ○ ☐☐ ○ ☐☐

Wir antworten: ____________________

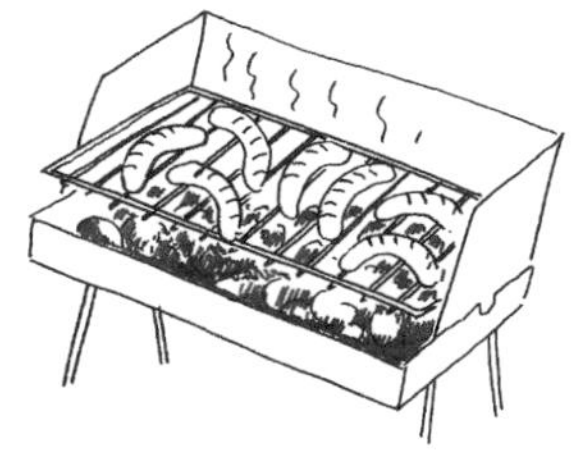

Drei Kinder kaufen sich Würstchen und spielen nicht mehr mit.
Wie viele Füße sind jetzt zu sehen?

Wir rechnen: ☐☐ ○ ☐☐ ○ ☐☐

Wir antworten: ____________________

Lena und Lara schlüpfen mit unter das Tausendfüßlerkostüm.
Wie viele Füße hat er nun?

Wir rechnen: ☐☐ ○ ☐☐ ○ ☐☐

Wir antworten: ____________________

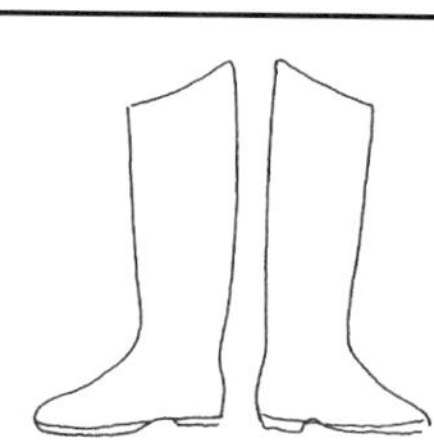

„Du hast mir den ganzen Monat beim Schuheputzen geholfen.
Für jede Woche bekommst du 2 Euro!“, sagt Papa zu Jan.
Wie viel Geld hat Jan verdient?

Wir rechnen: ☐☐ ○ ☐☐ ○ ☐☐

Wir antworten: ____________________

Marlene bekommt wöchentlich 2 Euro Taschengeld.
In drei Wochen ist Jahrmarkt.
Wie viel Euro kann sie bis dahin sparen?

Wir rechnen: ☐☐ ○ ☐☐ ○ ☐☐

Wir antworten: ____________________

Selma geht fünfmal in den Zoo.
Eine Eintrittskarte kostet 2 Euro.
Wie viel Euro muss sie für die Eintrittskarten bezahlen?

Wir rechnen: ☐☐ ○ ☐☐ ○ ☐☐

Wir antworten: ____________________

Plusaufgaben und Malaufgaben mit 5

1 · 1 mit 5

5 + 5 = ☐

2 · 5 = ☐

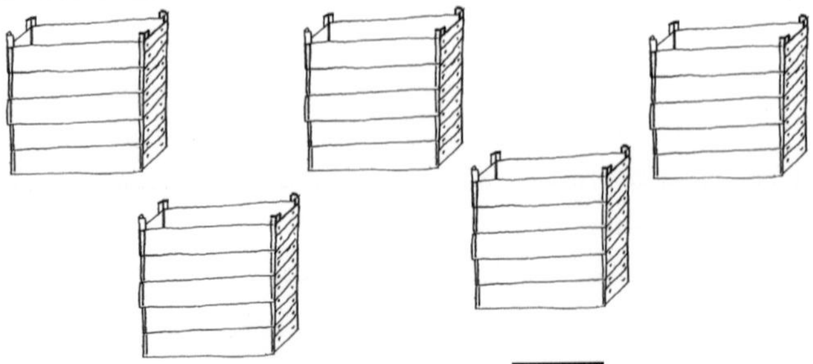

5 + 5 + 5 + 5 + 5 = ☐

5 · 5 = ☐

5 + 5 + 5 + 5 + 5 + 5 + 5 + 5 + 5 + 5 = ☐

10 · 5 = ☐

Rechne plus und mal!

5 = ☐ 1 · 5 = ☐	5 + 5 + 5 + 5 + 5 + 5 = ☐ 6 · 5 = ☐
5 + 5 = ☐ 2 · 5 = ☐	5 + 5 + 5 + 5 + 5 + 5 + 5 = ☐ 7 · 5 = ☐
5 + 5 + 5 = ☐ 3 · 5 = ☐	5 + 5 + 5 + 5 + 5 + 5 + 5 + 5 = ☐ 8 · 5 = ☐
5 + 5 + 5 + 5 = ☐ 4 · 5 = ☐	5 + 5 + 5 + 5 + 5 + 5 + 5 + 5 + 5 = ☐ 9 · 5 = ☐
5 + 5 + 5 + 5 + 5 = ☐ 5 · 5 = ☐	5 + 5 + 5 + 5 + 5 + 5 + 5 + 5 + 5 + 5 = ☐ 10 · 5 = ☐

978-3-589-15989-5 | Kistler/Schneider: Rechnen ohne Stolperstein, Band 4A. Illustrationen: Kristina Klotz

Wie heißt die Malaufgabe?

1 · 1 mit 5

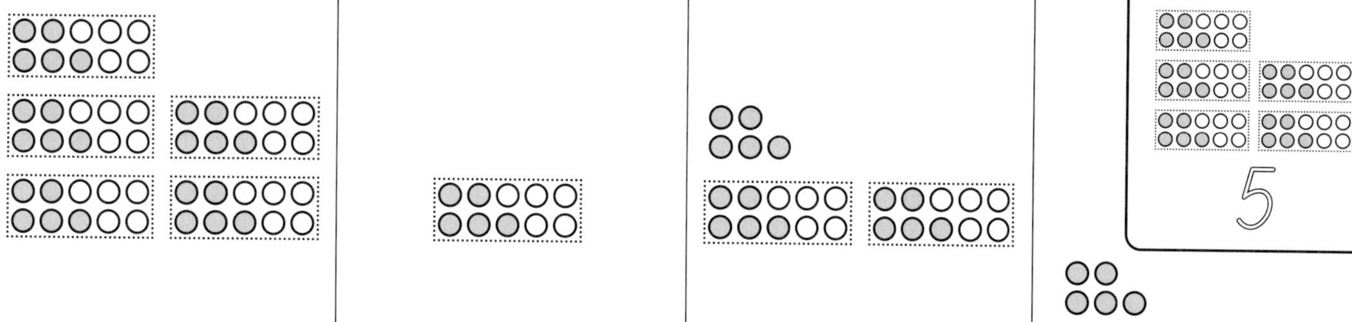

☐☐ ○ ☐☐ ○ ☐☐ | ☐☐ ○ ☐☐ ○ ☐☐ | ☐☐ ○ ☐☐ ○ ☐☐ | ☐☐ ○ ☐☐ ○ ☐☐

Male die Aufgabe!

5 · 5 = ☐☐	2 · 5 = ☐☐	1 · 5 = ☐☐	10 · 5 = ☐☐

Male nur die Ergebnisse des 5er-Einmaleins aus!

Rechne!

Immer 2 gehören zusammen: Male gleich aus!

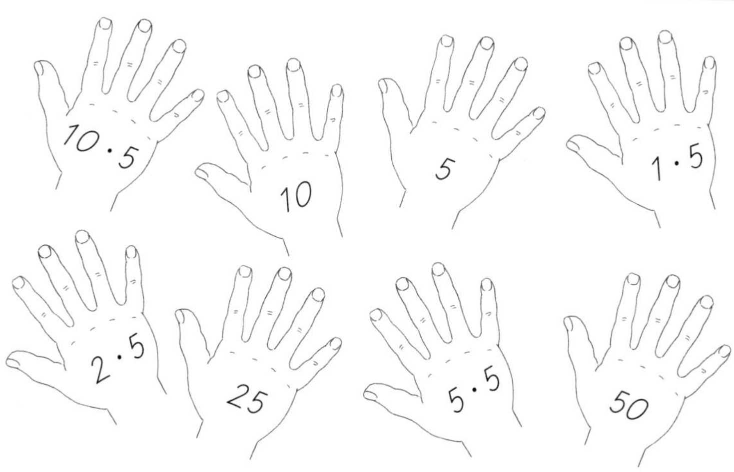

Rechnen mit der Zauberaufgabe*!

1 · 5 = ☐

2 · 5 — ⊕ 1 · 5 — 3 · 5 = ☐

5 · 5 — ⊖ 1 · 5 — 4 · 5 = ☐
5 · 5 — ⊕ 1 · 5 — 6 · 5 = ☐
5 · 5 — ⊕ 2 · 5 — 7 · 5 = ☐

10 · 5 — ⊖ 2 · 5 — 8 · 5 = ☐
10 · 5 — ⊖ 1 · 5 — 9 · 5 = ☐

1 · 1 mit 5

2 · 5 — ☐ · 5 = ☐

10 · 5 — ☐ · 5 = ☐, ☐ · 5 = ☐

5 · 5 — ☐ · 5 = ☐, ☐ · 5 = ☐, ☐ · 5 = ☐

1 · 5 — ☐

Welche Zauberaufgabe hilft dir?

6 · 5 = ☐ — ☐ · ☐ = ☐

9 · 5 = ☐ — ☐ · ☐ = ☐

8 · 5 = ☐ — ☐ · ☐ = ☐

4 · 5 = ☐ — ☐ · ☐ = ☐

7 · 5 = ☐ — ☐ · ☐ = ☐

3 · 5 = ☐ — ☐ · ☐ = ☐

* Kernaufgabe

978-3-589-15989-5 | Kistler/Schneider: Rechnen ohne Stolperstein, Band 4A. Illustrationen: Kristina Klotz

Schreibe auf!

Die Fünferzahl nach 9 ist: 10

Die Fünferzahl nach 19 ist: □

Die Fünferzahl nach 47 ist: □

Die Fünferzahl nach 36 ist: □

Die Fünferzahl nach 0 ist: □

Die Fünferzahl nach 31 ist: □

Die Fünferzahl nach 12 ist: □

Die Fünferzahl nach 22 ist: □

1 · 5 = □

2 · 5 = □

5 · 5 = □

10 · 5 = □

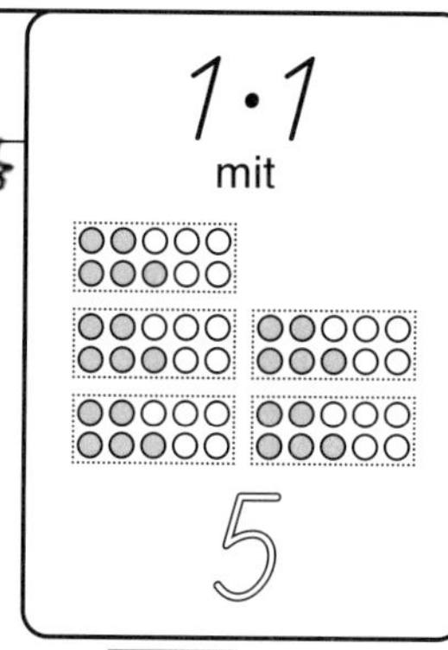

Rechne und verbinde der Reihe nach im Bild!

3 · 5 = □	4 · 5 = □
9 · 5 = □	0 · 5 = □
1 · 5 = □	10 · 5 = □
5 · 5 = □	7 · 5 = □
6 · 5 = □	8 · 5 = □

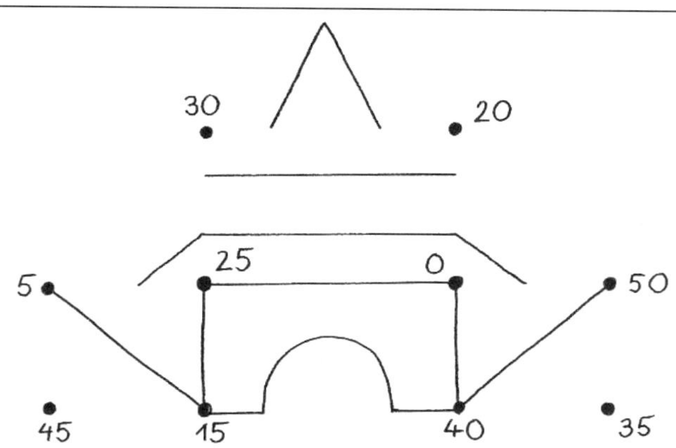

Aufgaben-Tunnel

Achtung: 1·1 gemischt!

1·1 mit 5

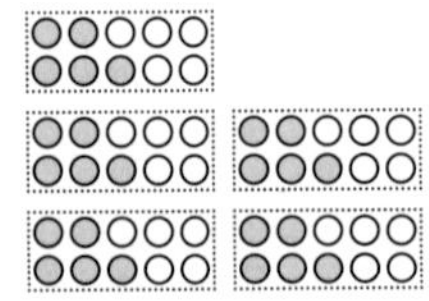

5

2 / 10 / 5

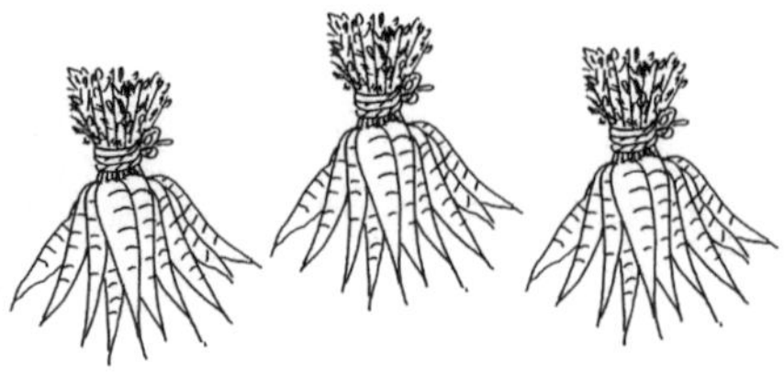

$3 \cdot 10 = \square$

$2 \cdot 5 = \square$

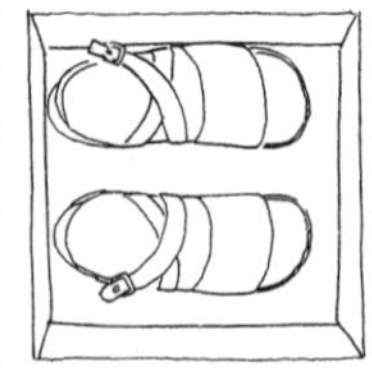

$1 \cdot 2 = \square$

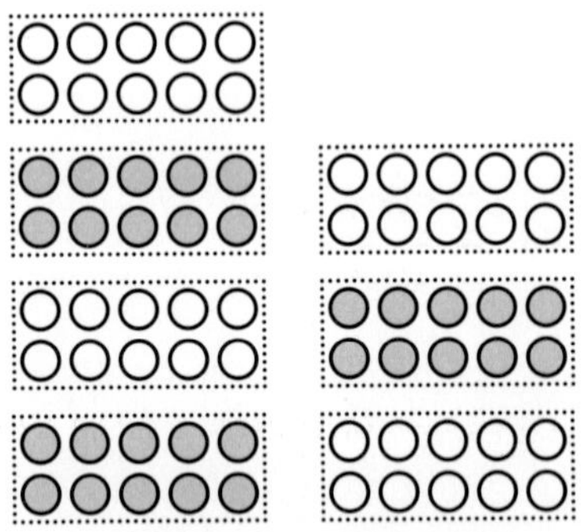

$7 \cdot 10 = \square$

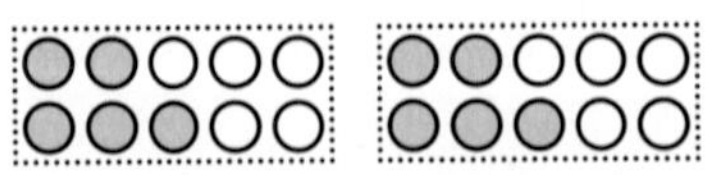

$4 \cdot 5 = \square$

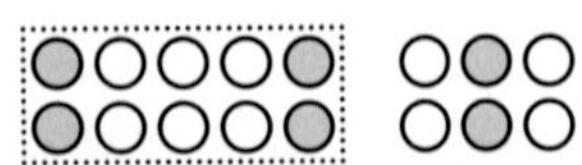

$8 \cdot 2 = \square$

$1 \cdot 5 = \square$
$2 \cdot 5 = \square$
$5 \cdot 5 = \square$
$10 \cdot 5 = \square$

Rechne und male die Ergebnisse unten aus!

$6 \cdot 5 = \square$	$10 \cdot 5 = \square$	$2 \cdot 10 = \square$	$7 \cdot 5 = \square$
$1 \cdot 2 = \square$	$9 \cdot 10 = \square$	$8 \cdot 5 = \square$	$7 \cdot 10 = \square$
$9 \cdot 5 = \square$	$4 \cdot 2 = \square$	$1 \cdot 10 = \square$	$2 \cdot 2 = \square$
$5 \cdot 10 = \square$	$4 \cdot 5 = \square$	$3 \cdot 5 = \square$	$2 \cdot 5 = \square$
$3 \cdot 2 = \square$	$0 \cdot 10 = \square$	$6 \cdot 2 = \square$	$8 \cdot 2 = \square$

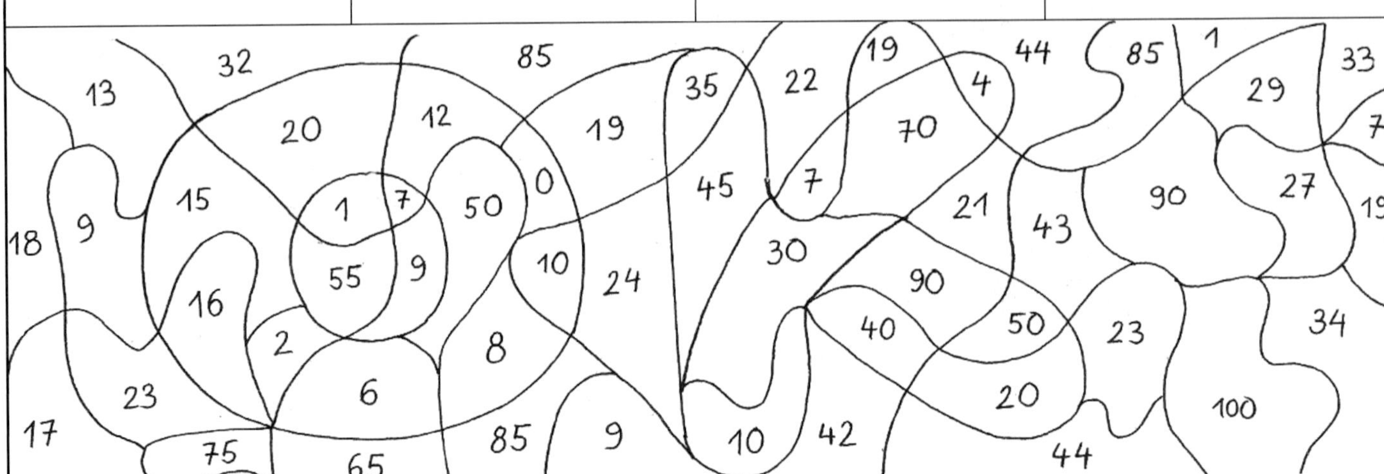

978-3-589-15989-5 | Kistler/Schneider: Rechnen ohne Stolperstein, Band 4A. Illustrationen: Kristina Klotz

Tauschaufgaben

$2 \cdot 10 = \square$

$10 \cdot 2 = \square$

1·1 mit 5

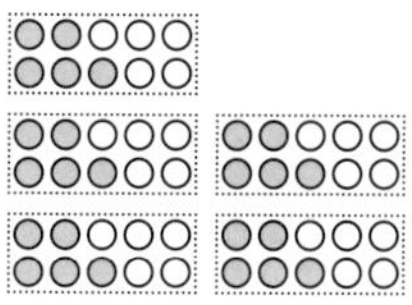

Male 10er- oder 2er-Plättchen dunkelblau und hellblau!

$2 \cdot 10 = \square$

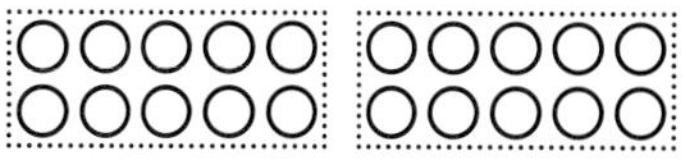

$10 \cdot 2 = \square$

Wie heißt die Tauschaufgabe?

$5 \cdot 2 = \square$ $\square \cdot \square = \square$	$1 \cdot 5 = \square$ $\square \cdot \square = \square$	$10 \cdot 1 = \square$ $\square \cdot \square = \square$	$3 \cdot 2 = \square$ $\square \cdot \square = \square$
$2 \cdot 10 = \square$ $\square \cdot \square = \square$	$10 \cdot 5 = \square$ $\square \cdot \square = \square$	$1 \cdot 2 = \square$ $\square \cdot \square = \square$	$5 \cdot 10 = \square$ $\square \cdot \square = \square$
$4 \cdot 2 = \square$ $\square \cdot \square = \square$	$4 \cdot 10 = \square$ $\square \cdot \square = \square$	$5 \cdot 1 = \square$ $\square \cdot \square = \square$	$1 \cdot 10 = \square$ $\square \cdot \square = \square$
$1 \cdot 10 = \square$ $\square \cdot \square = \square$	$2 \cdot 5 = \square$ $\square \cdot \square = \square$	$10 \cdot 2 = \square$ $\square \cdot \square = \square$	$5 \cdot 2 = \square$ $\square \cdot \square = \square$

Rechengeschichten

1 · 5 = ☐☐
2 · 5 = ☐☐
5 · 5 = ☐☐
10 · 5 = ☐☐

1·1 mit 5

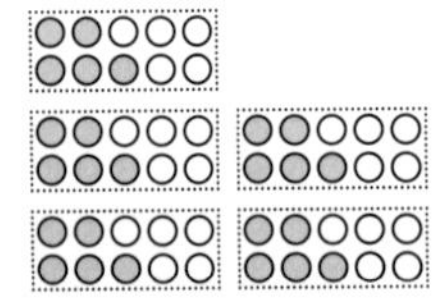

Drei Kinder spielen Theater mit Fingerpuppen.
Jedes Kind bemalt sich die Finger einer Hand.
Wie viele Puppen spielen mit?

Wir rechnen: ☐☐ ○ ☐☐ ○ ☐☐

Wir antworten: ______________________________

Im Werkunterricht basteln 7 Kinder Flöße. Für jedes Floß brauchen sie 10 gleich lange Stöckchen. Wie viele Stöckchen müssen gesägt werden, damit jedes Kind ein Floß bauen kann?

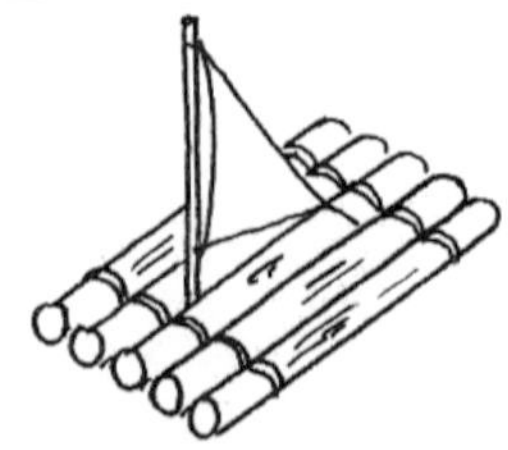

Wir rechnen: ☐☐ ○ ☐☐ ○ ☐☐

Wir antworten: ______________________________

Selim strickt in Textilarbeit eine gestreifte Decke. 7 Stunden hat er schon daran gearbeitet. In jeder Stunde schafft er 5 Reihen.
Wie viele Reihen hat er gestrickt?

Wir rechnen: ☐☐ ○ ☐☐ ○ ☐☐

Wir antworten: ______________________________

Ich habe 5 Scheine in meiner Sparbüchse. Es sind lauter 5-Euro-Scheine.

Wie viel Euro hat Dilek gespart?

☐☐ ○ ☐☐ ○ ☐☐

Wir antworten: ______________________________

In meiner Spardose sind 9 Münzen. Es sind alles 5-Cent-Stücke.

Wie viel Cent hat Mevlüt gespart?

☐☐ ○ ☐☐ ○ ☐☐

Wir antworten: ______________________________

In meiner Spardose ist am meisten Geld. Ich habe 7 5-Euro-Scheine gespart.

Wie viel Euro hat Özlem?

☐☐ ○ ☐☐ ○ ☐☐

Wir antworten: ______________________________

978-3-589-15989-5 | Kistler/Schneider: Rechnen ohne Stolperstein, Band 4A. Illustrationen: Kristina Klotz

Plusaufgaben und Malaufgaben mit **4**

1 · 1 mit 4

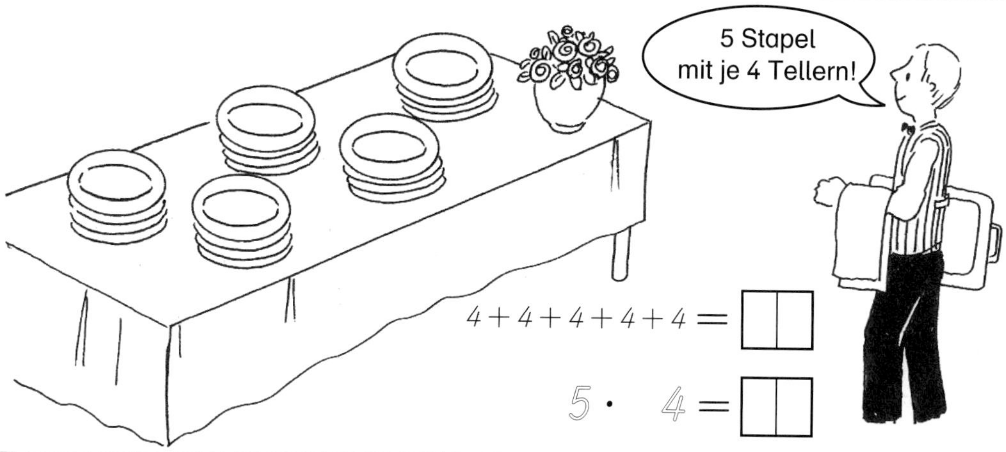

4 + 4 + 4 + 4 + 4 = ☐

5 · 4 = ☐

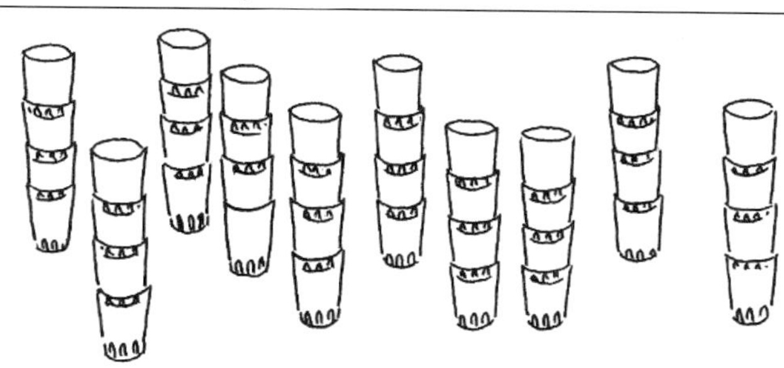

4 + 4 + 4 + 4 + 4 + 4 + 4 + 4 + 4 + 4 = ☐

10 · 4 = ☐

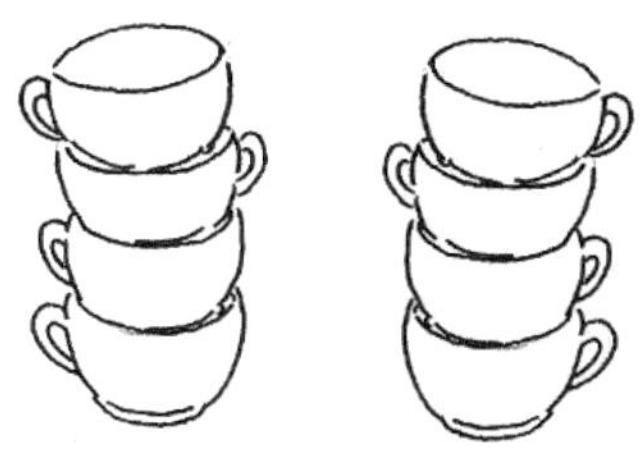

4 + 4 = ☐

2 · 4 = ☐

Rechne plus und mal!

4 = ☐

1 · 4 = ☐

4 + 4 = ☐

2 · 4 = ☐

4 + 4 + 4 = ☐

3 · 4 = ☐

4 + 4 + 4 + 4 = ☐

4 · 4 = ☐

4 + 4 + 4 + 4 + 4 = ☐

5 · 4 = ☐

4 + 4 + 4 + 4 + 4 + 4 = ☐

6 · 4 = ☐

4 + 4 + 4 + 4 + 4 + 4 + 4 = ☐

7 · 4 = ☐

4 + 4 + 4 + 4 + 4 + 4 + 4 + 4 = ☐

8 · 4 = ☐

4 + 4 + 4 + 4 + 4 + 4 + 4 + 4 + 4 = ☐

9 · 4 = ☐

4 + 4 + 4 + 4 + 4 + 4 + 4 + 4 + 4 + 4 = ☐

10 · 4 = ☐

Wie heißt die Malaufgabe?

1·1 mit

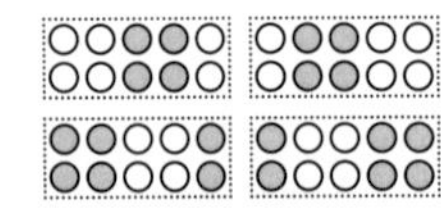

4

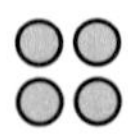	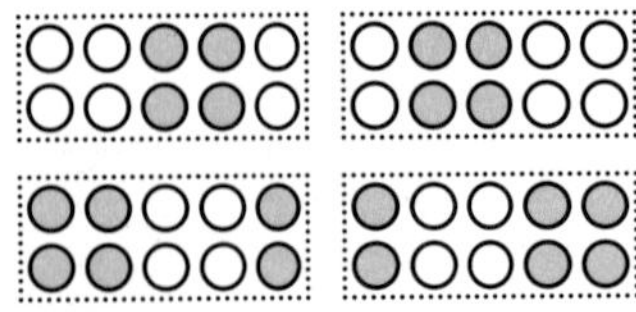	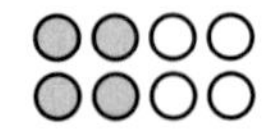	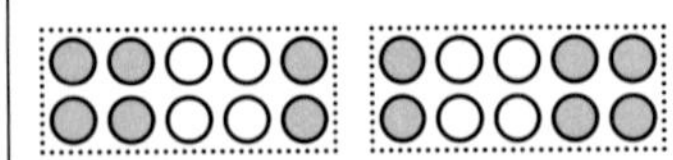
☐ ○ ☐ ○ ☐	☐ ○ ☐ ○ ☐	☐ ○ ☐ ○ ☐	☐ ○ ☐ ○ ☐

Male die Aufgabe!

5 · 4 = ☐	2 · 4 = ☐	10 · 4 = ☐	1 · 4 = ☐

Male nur die Ergebnisse des 4er-Einmaleins aus!

Rechne!

5 · 4 = ☐

☐ · 4 = 4

10 · 4 = ☐

☐ · 4 = 8

5 · ☐ = 20

Immer 2 gehören zusammen: Verbinde!

978-3-589-15989-5 | Kistler/Schneider: Rechnen ohne Stolperstein, Band 4A. Illustrationen: Kristina Klotz

Rechnen mit der Zauberaufgabe*!

1·1 mit 4

$1 \cdot 4 = \square$

$2 \cdot 4 \quad \oplus\ 1 \cdot 4 \quad 3 \cdot 4 = \square$

$5 \cdot 4 \quad \ominus\ 1 \cdot 4 \quad 4 \cdot 4 = \square$

$5 \cdot 4 \quad \oplus\ 1 \cdot 4 \quad 6 \cdot 4 = \square$

$5 \cdot 4 \quad \oplus\ 2 \cdot 4 \quad 7 \cdot 4 = \square$

$10 \cdot 4 \quad \ominus\ 2 \cdot 4 \quad 8 \cdot 4 = \square$

$10 \cdot 4 \quad \ominus\ 1 \cdot 4 \quad 9 \cdot 4 = \square$

$2 \cdot 4$ — $\square \cdot 4 = \square$

$10 \cdot 4$ — $\square \cdot 4 = \square$, $\square \cdot 4 = \square$

$5 \cdot 4$ — $\square \cdot 4 = \square$, $\square \cdot 4 = \square$, $\square \cdot 4 = \square$

$1 \cdot 4$ — $\square$

Welche Zauberaufgabe hilft dir?

$6 \cdot 4 = \square$ — $\square \cdot \square = \square$

$9 \cdot 4 = \square$ — $\square \cdot \square = \square$

$8 \cdot 4 = \square$ — $\square \cdot \square = \square$

$4 \cdot 4 = \square$ — $\square \cdot \square = \square$

$7 \cdot 4 = \square$ — $\square \cdot \square = \square$

$3 \cdot 4 = \square$ — $\square \cdot \square = \square$

* Kernaufgabe

Schreibe auf!

Die Vierererzahl nach 15 ist: 16

Die Vierererzahl nach 19 ist: ☐

Die Vierererzahl nach 37 ist: ☐

Die Vierererzahl nach 10 ist: ☐

Die Vierererzahl nach 29 ist: ☐

Die Vierererzahl nach 7 ist: ☐

Die Vierererzahl nach 1 ist: ☐

Die Vierererzahl nach 11 ist: ☐

1 · 4 = ☐

2 · 4 = ☐

5 · 4 = ☐

10 · 4 = ☐

1 · 1 mit 4

Rechne und verbinde der Reihe nach im Bild!

8 · 4 = ☐	3 · 4 = ☐
7 · 4 = ☐	1 · 4 = ☐
10 · 4 = ☐	5 · 4 = ☐
6 · 4 = ☐	9 · 4 = ☐
4 · 4 = ☐	2 · 4 = ☐

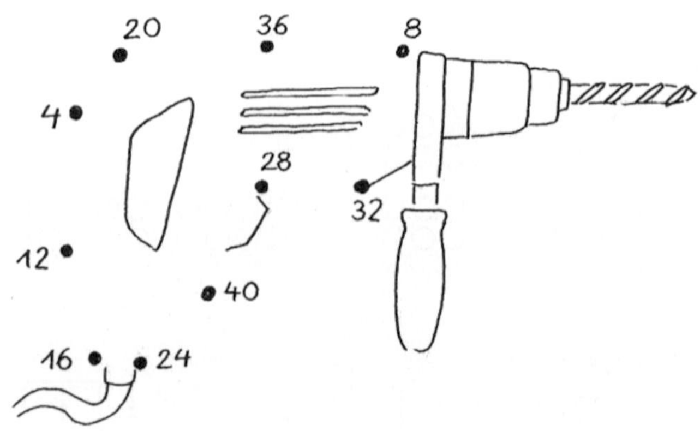

Werkstatt-Aufgaben

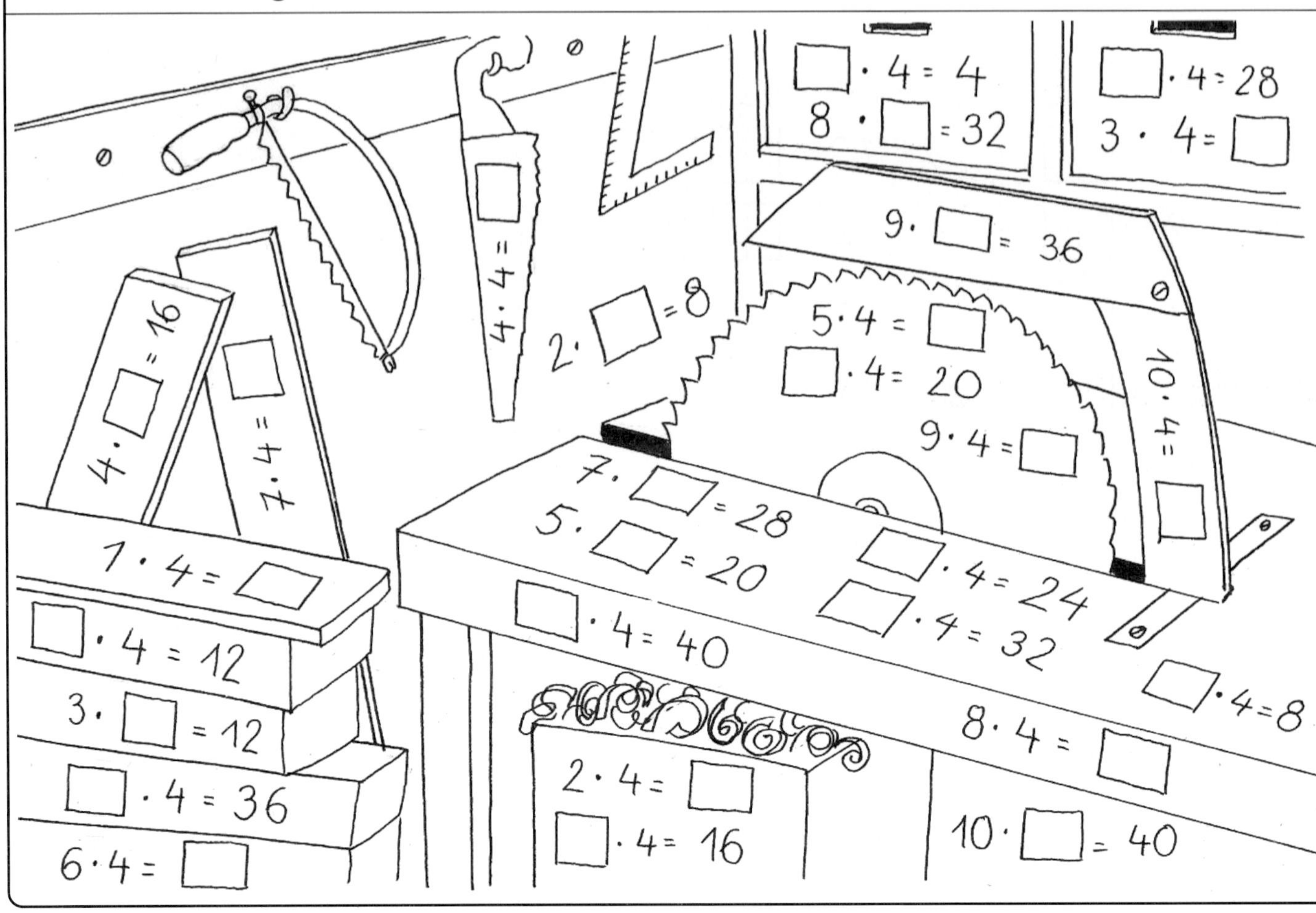

978-3-589-15989-5 | Kistler/Schneider: Rechnen ohne Stolperstein, Band 4A. Illustrationen: Kristina Klotz

Achtung: 1·1 gemischt!

1·1
mit
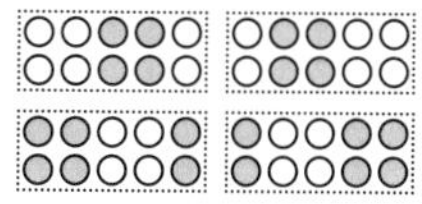
4
2 / 10 / 5 / 4

 7 · 10 = ___	 3 · 5 = ___	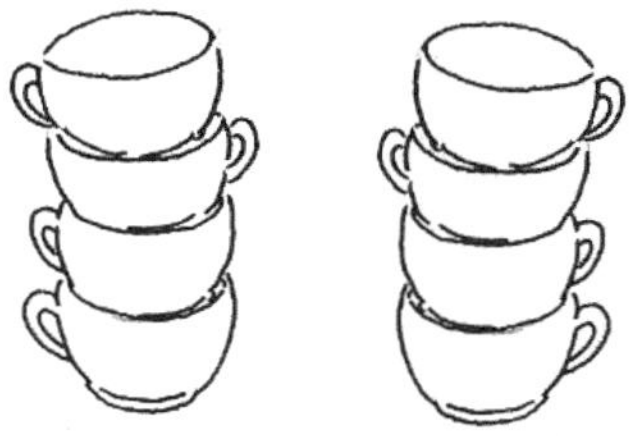 2 · 4 = ___	 5 · 2 = ___
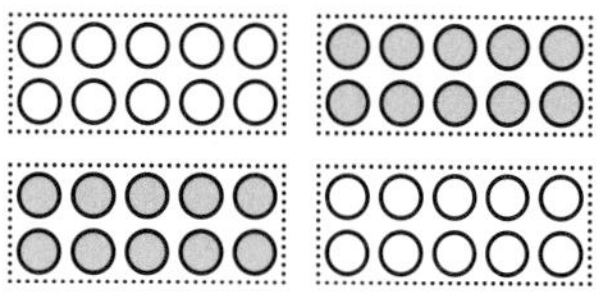 4 · 10 = ___	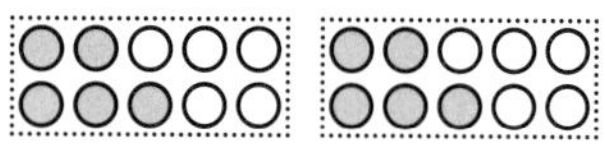 4 · 5 = ___	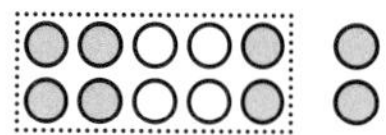 3 · 4 = ___	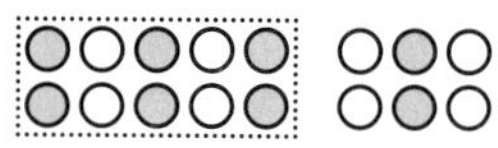 8 · 2 = ___

1 · 4 = ___
2 · 4 = ___
5 · 4 = ___
10 · 4 = ___

Rechne und male die Ergebnisse unten aus!

7 · 10 = ___	10 · 4 = ___	7 · 5 = ___	7 · 2 = ___
9 · 4 = ___	9 · 10 = ___	8 · 4 = ___	7 · 4 = ___
9 · 2 = ___	4 · 2 = ___	0 · 10 = ___	3 · 4 = ___
5 · 10 = ___	4 · 4 = ___	3 · 2 = ___	3 · 10 = ___
2 · 5 = ___	3 · 5 = ___	6 · 4 = ___	8 · 5 = ___

Mal-Tabellen

1·1
mit

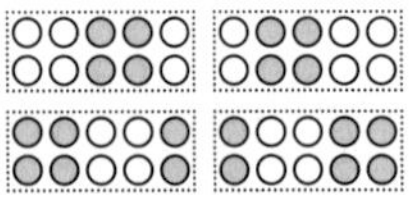

4

2 / 10 / 5 / 4

·	2	4
1	2	
2		
3		
4		
5		

·	2	4
6		
7		
8		
9		
10		

·	5	10
1		
2		
3		
4		
5		

·	5	10
6		
7		
8		
9		
10		

2er- und 4er-Einmaleins: Male die richtigen Ergebnisse an!

Finde die Malaufgaben!

978-3-589-15989-5 | Kistler/Schneider: Rechnen ohne Stolperstein, Band 4A. Illustrationen: Kristina Klotz

Tauschaufgaben

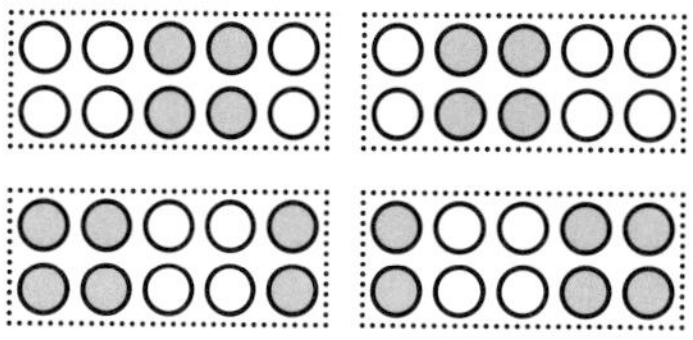

10 · 4 = ☐

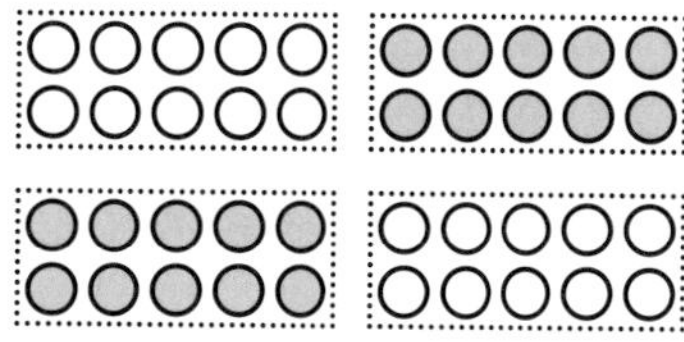

4 · 10 = ☐

1 · 1
mit

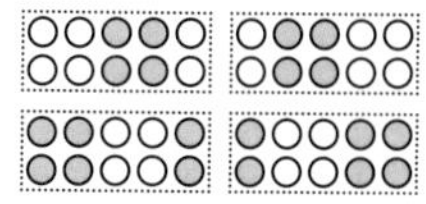

4

Wie heißt die Tauschaufgabe?

2 · 4 = ☐ ☐ · ☐ = ☐	10 · 5 = ☐ ☐ · ☐ = ☐	5 · 2 = ☐ ☐ · ☐ = ☐	4 · 2 = ☐ ☐ · ☐ = ☐
1 · 4 = ☐ ☐ · ☐ = ☐	2 · 5 = ☐ ☐ · ☐ = ☐	10 · 4 = ☐ ☐ · ☐ = ☐	4 · 5 = ☐ ☐ · ☐ = ☐

Tauschaufgaben und Ergebnis: Male in der gleichen Farbe an!

Rechengeschichten

1 · 4 = ☐☐
2 · 4 = ☐☐
5 · 4 = ☐☐
10 · 4 = ☐☐

1 · 1 mit

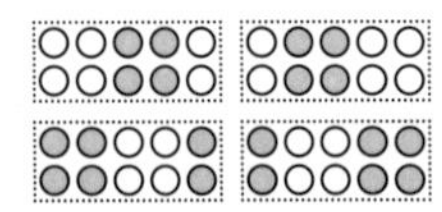

4

Sonja kauft Laugensemmeln, Mohnsemmeln und Sesamsemmeln. Von jeder Sorte nimmt sie 4 Stück. Wie viele Semmeln gibt es zum Frühstück?

Wir rechnen: ☐☐ ◯ ☐☐ ◯ ☐☐

Wir antworten: ______________________________

Tobi richtet das Abendessen her. Im Kühlschrank findet er Schinken, Salami, Gelbwurst und Bierschinken. Wie viele Wurstscheiben liegen auf der Platte, wenn er von jeder Sorte vier nimmt?

Wir rechnen: ☐☐ ◯ ☐☐ ◯ ☐☐

Wir antworten: ______________________________

Johanna legt kleine Tomaten auf die Teller. Papa, Mama, ihre beiden Schwestern und sie selbst sollen jeweils 4 bekommen. Wie viele Tomaten hat sie im Garten gepflückt?

Wir rechnen: ☐☐ ◯ ☐☐ ◯ ☐☐

Wir antworten: ______________________________

Lisa passt manchmal auf ihre kleine Nachbarin auf. In den Ferien geht sie 5-mal zum Babysitten. Jedes Mal bekommt sie 4 Euro. Wie viel Euro verdient sie?

Wir rechnen: ☐☐ ◯ ☐☐ ◯ ☐☐

Wir antworten: ______________________________

Franziska verkauft auf dem Flohmarkt ihre Duplosteine. Sie hat 7 Päckchen abgepackt. Für eines verlangt sie 4 Euro. Wie viel Euro nimmt sie ein, wenn sie alles los wird?

Wir rechnen: ☐☐ ◯ ☐☐ ◯ ☐☐

Wir antworten: ______________________________

Christian töpfert für den Basar bunte Gartenkugeln. Eine Gartenkugel kostet 2 Euro. Seinem Lehrer gefallen sie so gut, dass er 4 Kugeln kauft. Wie viel muss er Christian bezahlen?

Wir rechnen: ☐☐ ◯ ☐☐ ◯ ☐☐

Wir antworten: ______________________________

978-3-589-15989-5 | Kistler/Schneider: Rechnen ohne Stolperstein, Band 4A. Illustrationen: Kristina Klotz

Plusaufgaben und Malaufgaben mit 8

1 · 1 mit 8

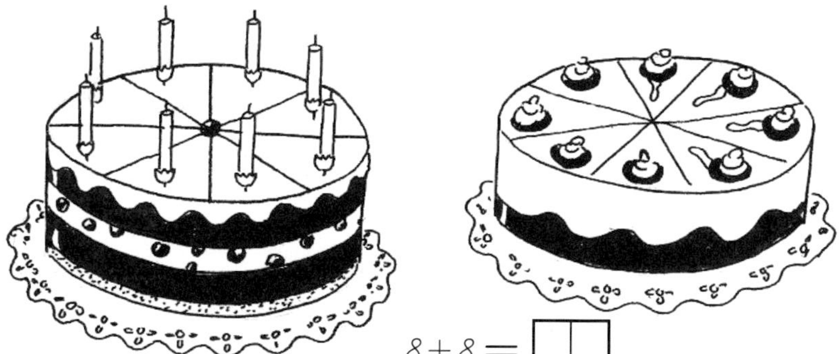

$8+8=$ ☐☐

$2 \cdot 8 =$ ☐☐

$8+8+8+8+8+8+8+8+8+8=$ ☐☐

$10 \cdot 8 =$ ☐☐

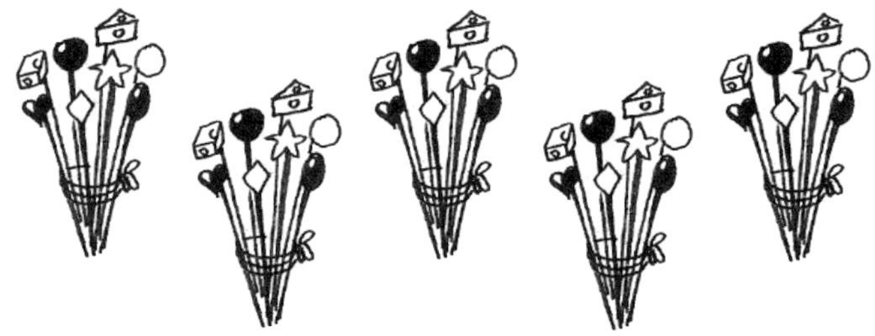

$8+8+8+8+8=$ ☐☐

$5 \cdot 8 =$ ☐☐

Rechne plus und mal!

$8=$ ☐☐ $1 \cdot 8 =$ ☐☐	$8+8+8+8+8+8=$ ☐☐ $6 \cdot 8 =$ ☐☐
$8+8=$ ☐☐ $2 \cdot 8 =$ ☐☐	$8+8+8+8+8+8+8=$ ☐☐ $7 \cdot 8 =$ ☐☐
$8+8+8=$ ☐☐ $3 \cdot 8 =$ ☐☐	$8+8+8+8+8+8+8+8=$ ☐☐ $8 \cdot 8 =$ ☐☐
$8+8+8+8=$ ☐☐ $4 \cdot 8 =$ ☐☐	$8+8+8+8+8+8+8+8+8=$ ☐☐ $9 \cdot 8 =$ ☐☐
$8+8+8+8+8=$ ☐☐ $5 \cdot 8 =$ ☐☐	$8+8+8+8+8+8+8+8+8+8=$ ☐☐ $10 \cdot 8 =$ ☐☐

1 · 1 mit 8

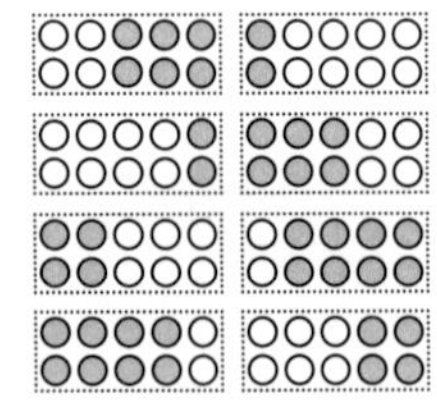

Wie heißt die Malaufgabe?

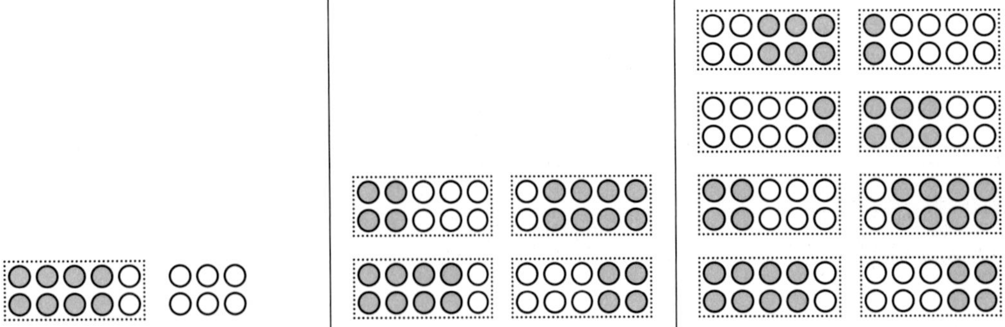

☐☐ ◯ ☐☐ ◯ ☐☐ | ☐☐ ◯ ☐☐ ◯ ☐☐ | ☐☐ ◯ ☐☐ ◯ ☐☐

Male die Aufgabe!

5 · 8 = ☐☐	1 · 8 = ☐☐	2 · 8 = ☐☐	10 · 8 = ☐☐

Male nur die Ergebnisse des 8er-Einmaleins aus!

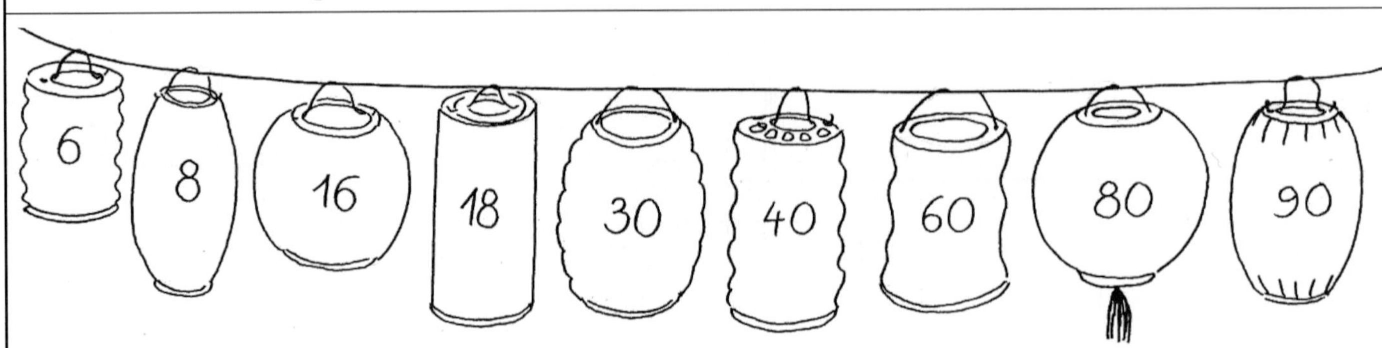

Rechne!

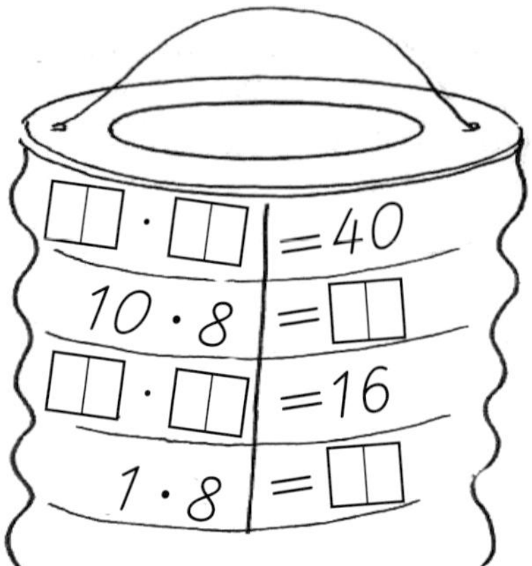

Immer 2 gehören zusammen: Male gleich aus!

978-3-589-15989-5 | Kistler/Schneider: Rechnen ohne Stolperstein, Band 4A. Illustrationen: Kristina Klotz

Rechnen mit der Zauberaufgabe*!

1 · 8 = ☐

2 · 8 ⊕ 1 · 8 → 3 · 8 = ☐

5 · 8 ⊖ 1 · 8 → 4 · 8 = ☐
5 · 8 ⊕ 1 · 8 → 6 · 8 = ☐
5 · 8 ⊕ 2 · 8 → 7 · 8 = ☐

10 · 8 ⊖ 2 · 8 → 8 · 8 = ☐
10 · 8 ⊖ 1 · 8 → 9 · 8 = ☐

1 · 1 mit

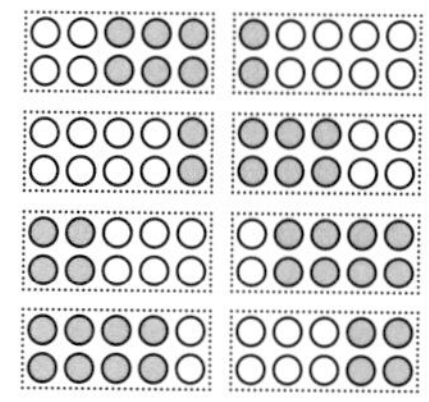

8

2 · 8 → ☐ · 8 = ☐

10 · 8 → ☐ · 8 = ☐, ☐ · 8 = ☐

5 · 8 → ☐ · 8 = ☐, ☐ · 8 = ☐, ☐ · 8 = ☐

1 · 8 → ☐

Welche Zauberaufgabe hilft dir?

6 · 8 = ☐ — ☐ · ☐ = ☐

9 · 8 = ☐ — ☐ · ☐ = ☐

8 · 8 = ☐ — ☐ · ☐ = ☐

4 · 8 = ☐ — ☐ · ☐ = ☐

7 · 8 = ☐ — ☐ · ☐ = ☐

3 · 8 = ☐ — ☐ · ☐ = ☐

* Kernaufgabe

Schreibe auf!

1 · 8 = □
2 · 8 = □
5 · 8 = □
10 · 8 = □

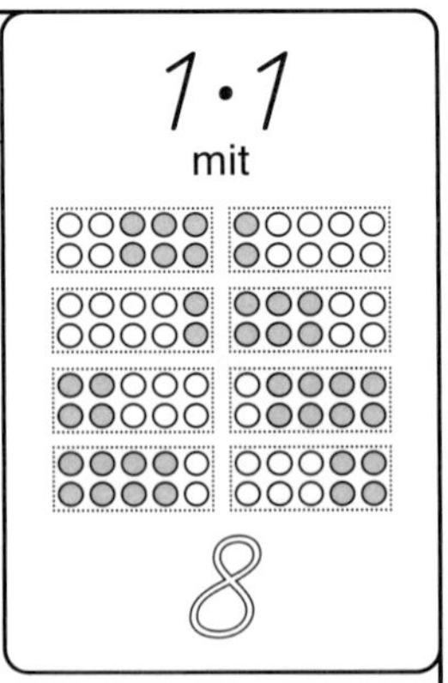

Die Achterzahl nach 11 ist: 16

Die Achterzahl nach 38 ist: □

Die Achterzahl nach 77 ist: □

Die Achterzahl nach 25 ist: □

Die Achterzahl nach 68 ist: □

Die Achterzahl nach 23 ist: □

Die Achterzahl nach 4 ist: □

Die Achterzahl nach 42 ist: □

Rechne und verbinde der Reihe nach im Bild!

5 · 8 = □	10 · 8 = □
7 · 8 = □	3 · 8 = □
8 · 8 = □	9 · 8 = □
2 · 8 = □	6 · 8 = □
4 · 8 = □	1 · 8 = □

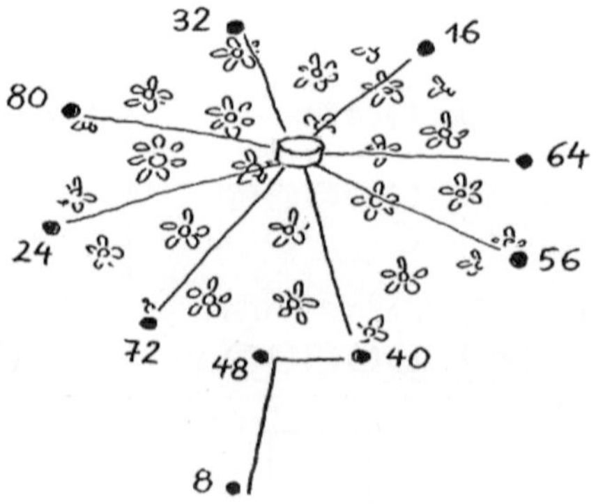

Geburtstags-Aufgaben

978-3-589-15989-5 | Kistler/Schneider: Rechnen ohne Stolperstein, Band 4A. Illustrationen: Kristina Klotz

Achtung: 1·1 gemischt!

1·1 mit 8

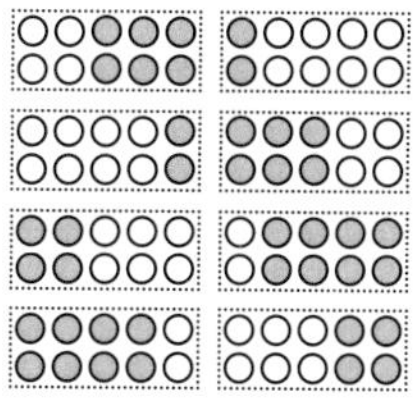

8

2 / 10 / 5 / 4 / 8

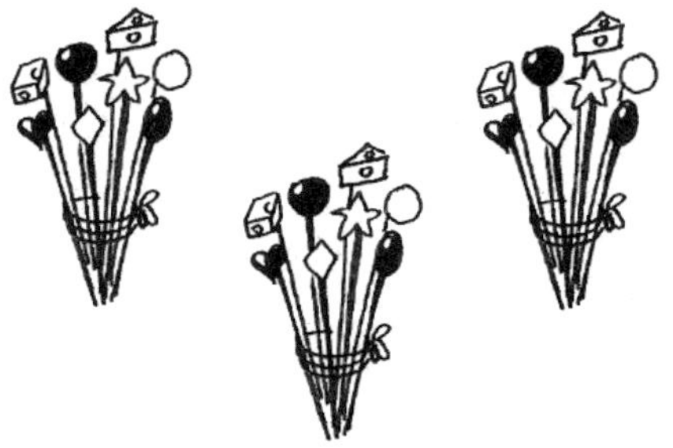

3 · 8 = ☐

2 · 4 = ☐

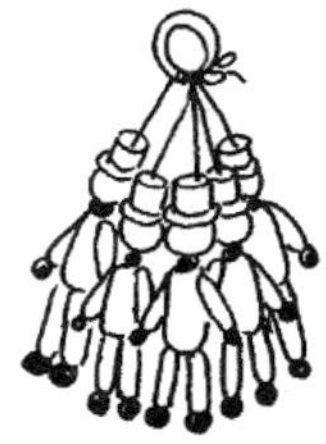

1 · 5 = ☐

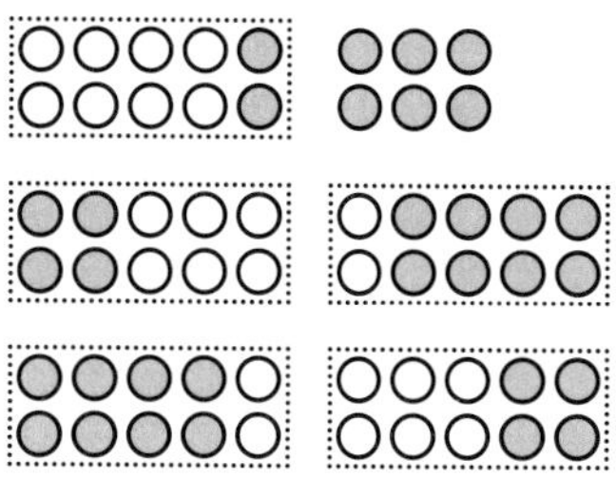

7 · 8 = ☐

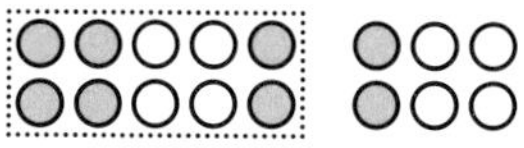

4 · 4 = ☐

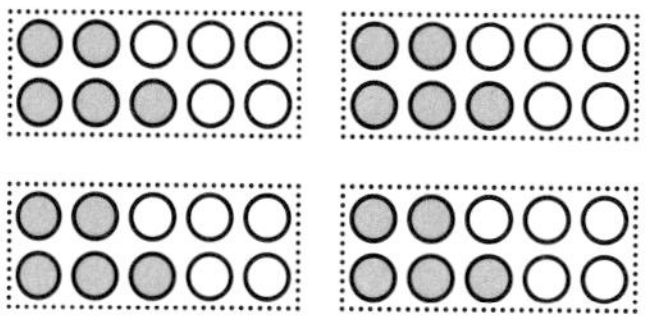

8 · 5 = ☐

1 · 8 = ☐
2 · 8 = ☐
5 · 8 = ☐
10 · 8 = ☐

Rechne und male die Ergebnisse unten aus!

3 · 4 = ☐	0 · 4 = ☐	1 · 10 = ☐	3 · 5 = ☐
9 · 2 = ☐	9 · 8 = ☐	4 · 2 = ☐	7 · 8 = ☐
9 · 5 = ☐	4 · 8 = ☐	5 · 2 = ☐	2 · 10 = ☐
5 · 8 = ☐	7 · 5 = ☐	3 · 10 = ☐	2 · 4 = ☐
3 · 8 = ☐	5 · 10 = ☐	6 · 8 = ☐	8 · 8 = ☐

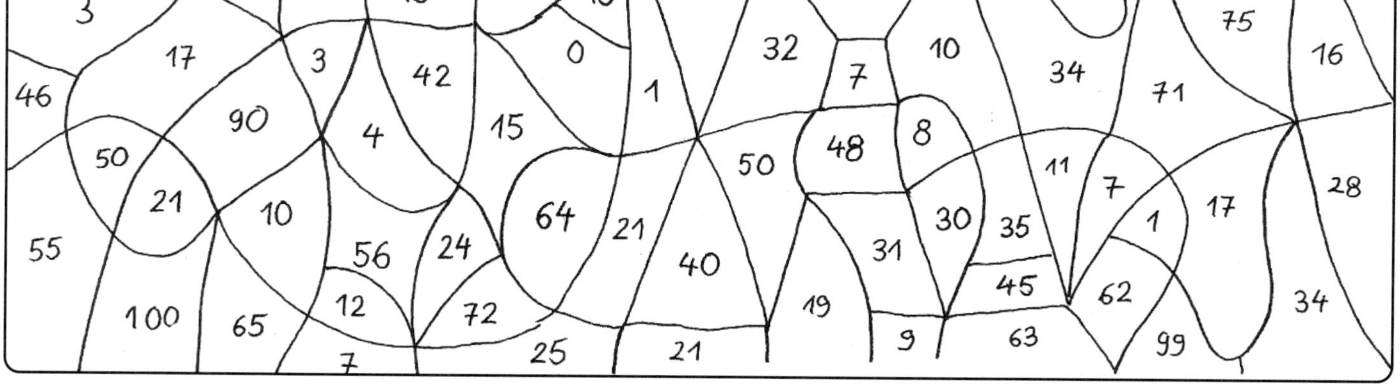

Mal-Tabellen

·	0	2	4	8
1	0			
2				
3				
4				
5				

·	0	2	4	8
6				
7				
8				
9				
10				

1·1 mit

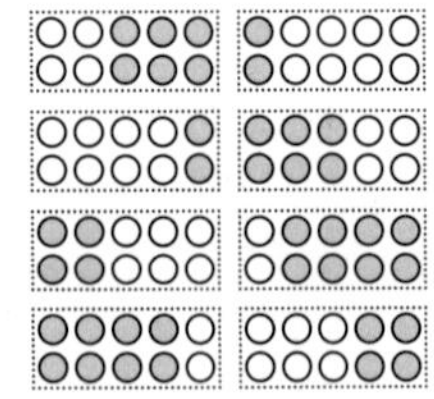

8

2 / 10 / 5 / 4 / 8

8er-Einmaleins: Male die richtigen Ergebnisse an!

8 14 16 20 24 28 32 40 48 52 56 64 72 74 80

Finde die Malaufgaben!

978-3-589-15989-5 | Kistler/Schneider: Rechnen ohne Stolperstein, Band 4A. Illustrationen: Kristina Klotz

Tauschaufgaben

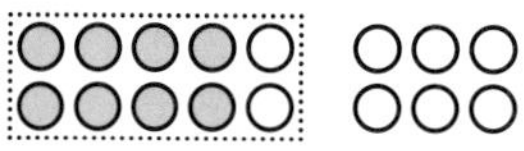

$2 \cdot 8 = \square$

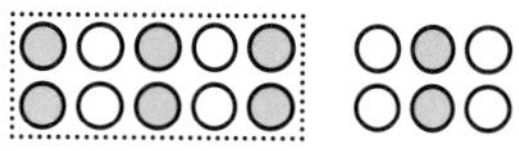

$8 \cdot 2 = \square$

1 · 1 mit 8

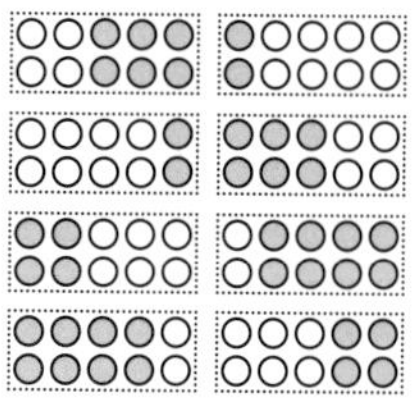

Wie heißt die Tauschaufgabe?

$8 \cdot 4 = \square$ $\square \cdot \square = \square$	$4 \cdot 10 = \square$ $\square \cdot \square = \square$	$8 \cdot 5 = \square$ $\square \cdot \square = \square$	$4 \cdot 5 = \square$ $\square \cdot \square = \square$
$2 \cdot 8 = \square$ $\square \cdot \square = \square$	$8 \cdot 8 = \square$ $\square \cdot \square = \square$	$1 \cdot 8 = \square$ $\square \cdot \square = \square$	$4 \cdot 8 = \square$ $\square \cdot \square = \square$

Tauschaufgaben und Ergebnisse: Male in der gleichen Farbe an!

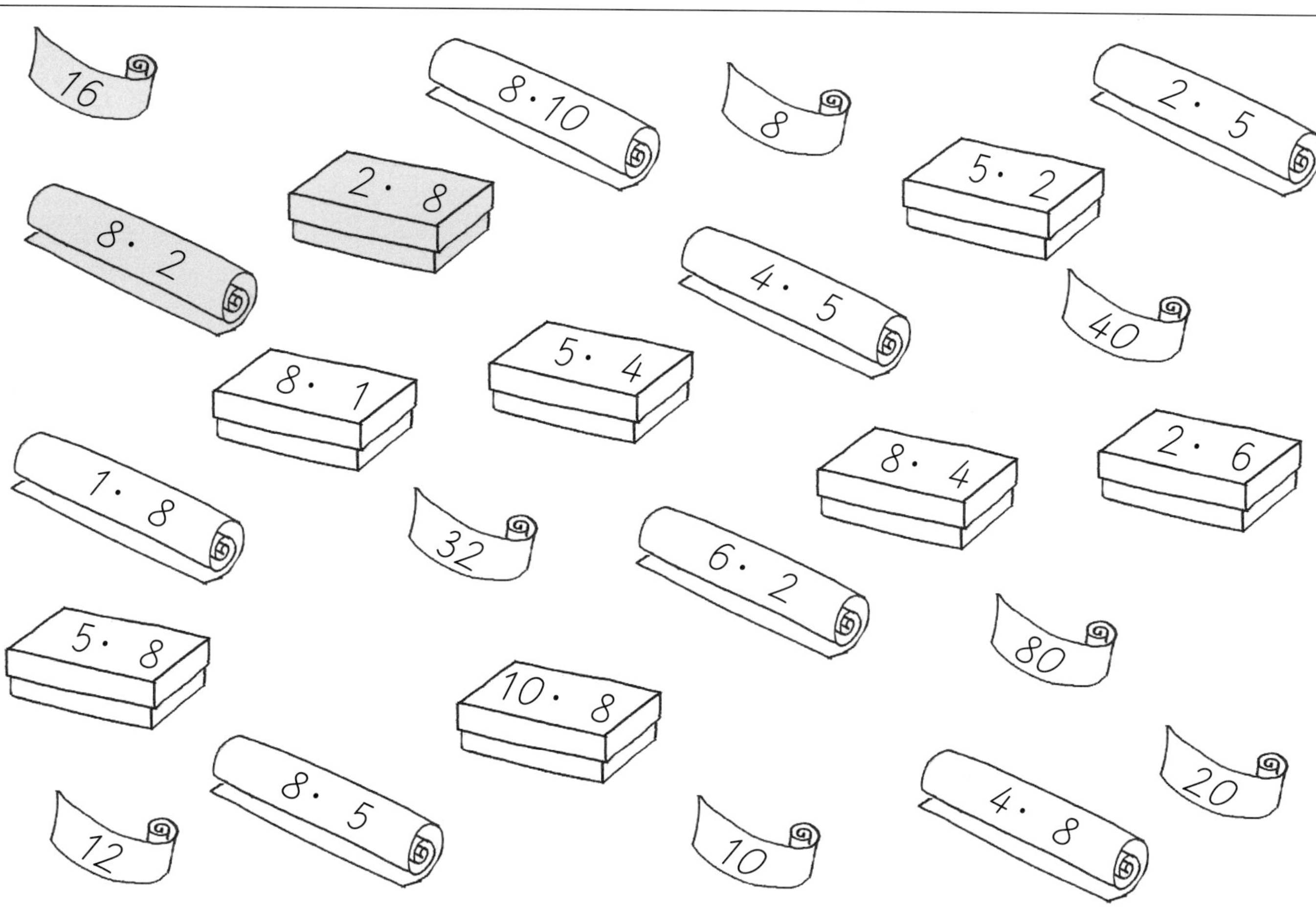

Rechengeschichten

1 · 8 = ☐
2 · 8 = ☐
5 · 8 = ☐
10 · 8 = ☐

1·1 mit

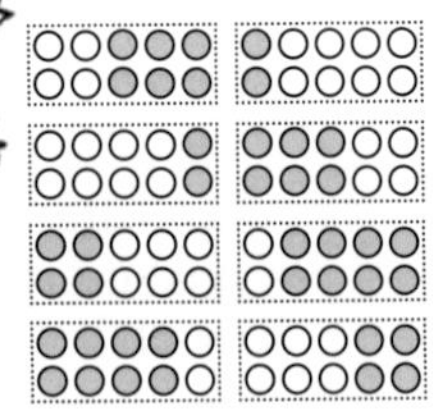

8

Jedes Kind soll beim Topfschlagen acht Gummibärchen bekommen. Mit Anna sind es acht Kinder.
Wie viele Bärchen müssen besorgt werden?

Wir rechnen: ☐ ○ ☐ ○ ☐

Wir antworten: ______________________________

Für die Schatzsuche am Geburtstag richtet Annas Mutter die Truhe her.
Sie legt für die acht Kinder je vier Kleinigkeiten hinein.
Wie viele Schätze muss sie verstecken?

Wir rechnen: ☐ ○ ☐ ○ ☐

Wir antworten: ______________________________

Die acht Kinder haben riesigen Hunger auf Pizza-Brötchen.
Vater muss dreimal für alle Kinder Brötchen backen.
Wie viel Pizza-Brötchen werden gegessen?

Wir rechnen: ☐ ○ ☐ ○ ☐

Wir antworten: ______________________________

Anna kauft mit ihrer Mutter Tischbomben für ihre Geburtstagsfeier ein.
Eine Packung kostet vier Euro. Sie kaufen drei Packungen.
Wie viel müssen sie bezahlen?

Wir rechnen: ☐ ○ ☐ ○ ☐

Wir antworten: ______________________________

Die Mutter lädt Anna und ihre sieben Freundinnen zum Töpfern ein.
Für Ton und Glasur muss sie für jedes Kind zwei Euro bezahlen.
Wie teuer ist das Töpfern?

Wir rechnen: ☐ ○ ☐ ○ ☐

Wir antworten: ______________________________

Oma bringt als Geburtstagsgeschenk ein Kartenspiel, einen Füller, einen Teddy und ein Buch mit. Jedes Teil hat acht Euro gekostet.
Was musste Oma dafür bezahlen?

Wir rechnen: ☐ ○ ☐ ○ ☐

Wir antworten: ______________________________

978-3-589-15989-5 | Kistler/Schneider: Rechnen ohne Stolperstein, Band 4A. Illustrationen: Kristina Klotz

Teile in gleiche Mengen auf!

Teilen

Einführung

Wie viele **4er-Tüten** kannst du voll machen?

20 : 4 = ☐

denn 5 · 4 = ☐

Wie viele **5er-Tüten**?

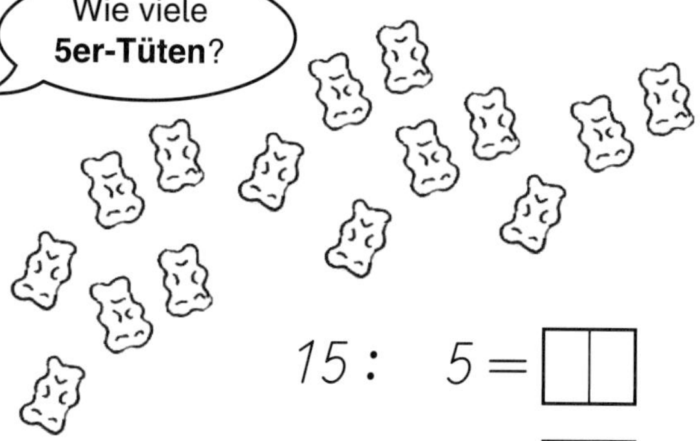

15 : 5 = ☐

denn 3 · 5 = ☐

Wie viele **2er-Tüten**?

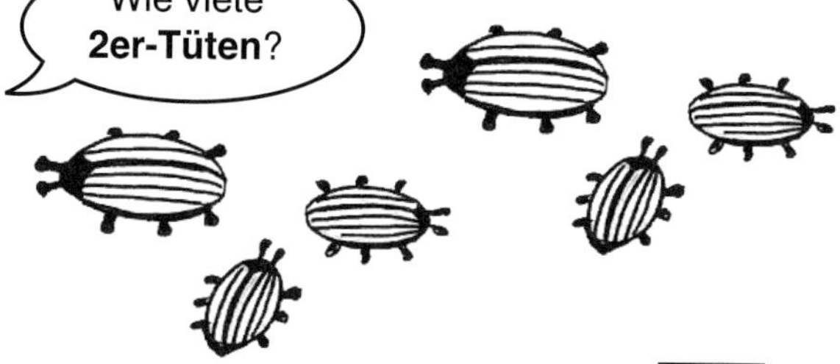

6 : 2 = ☐

denn 3 · 2 = ☐

Teile auf und rechne!

Wie viele 5er-Tüten?

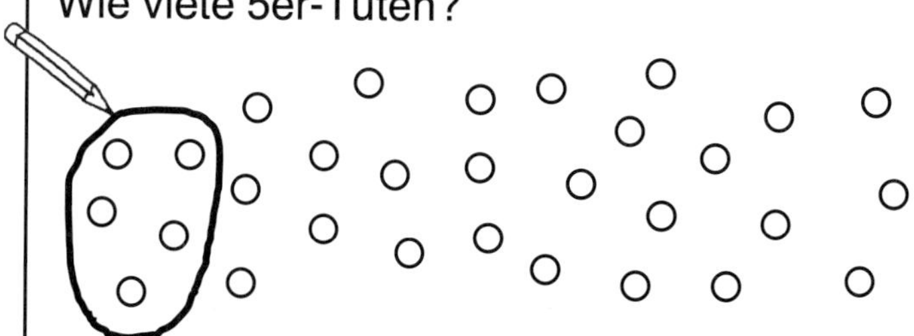

30 : 5 = ☐

denn 6 · 5 = ☐

Wie viele 10er-Tüten?

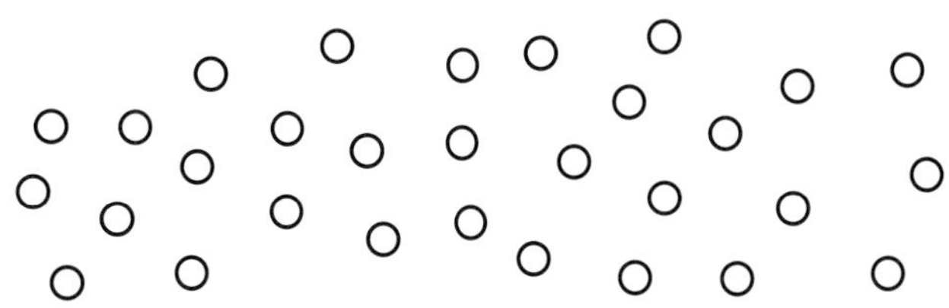

30 : 10 = ☐

denn 3 · 10 = ☐

Wie viele 2er-Tüten?

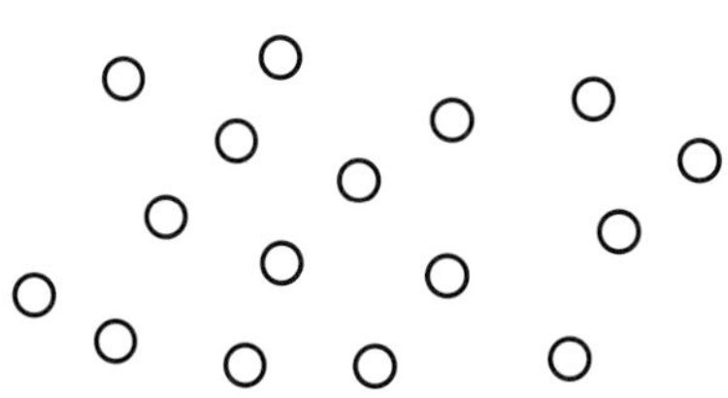

16 : 2 = ☐

denn 8 · 2 = ☐

Wie viele 4er-Tüten?

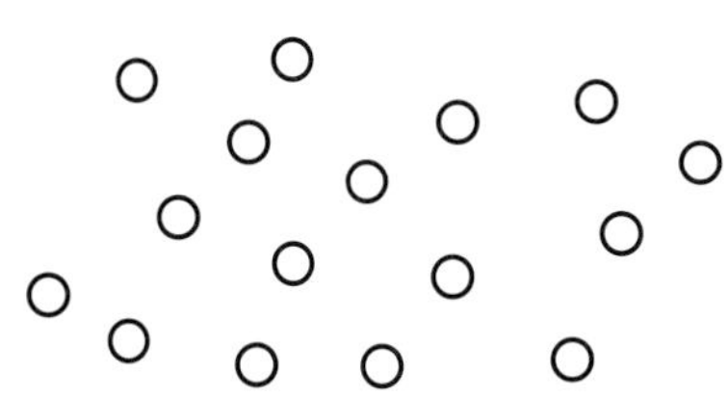

16 : 4 = ☐

denn 4 · 4 = ☐

Teile in gleiche Mengen auf!

Teilen

Einführung

Wie viele 5er-Tüten?

$10 : 5 =$

denn $2 \cdot 5 =$

Wie viele 2er-Tüten?

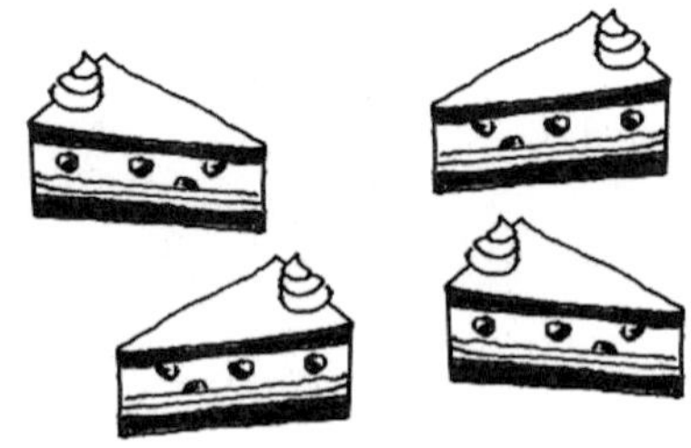

$4 : 2 =$

denn $2 \cdot 2 =$

Wie viele 10er-Tüten?

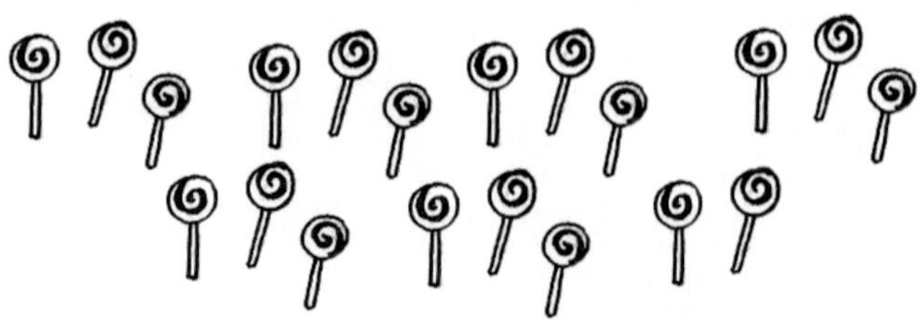

$20 : 10 =$

denn $2 \cdot 10 =$

Wie viele 4er-Tüten?

$8 : 4 =$

denn $2 \cdot 4 =$

Teile auf und rechne!

Wie viele 5er-Tüten?

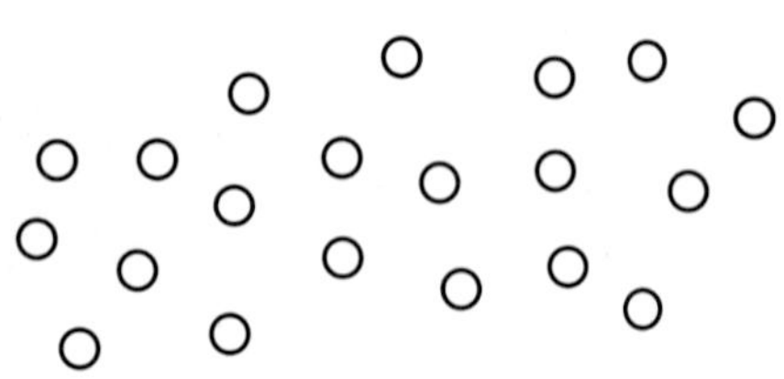

$20 : 5 =$

denn $4 \cdot 5 =$

Wie viele 10er-Tüten?

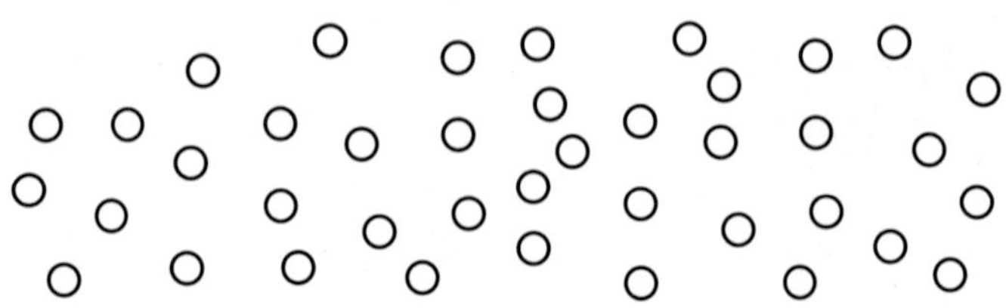

$40 : 10 =$

denn $4 \cdot 10 =$

Wie viele 4er-Tüten?

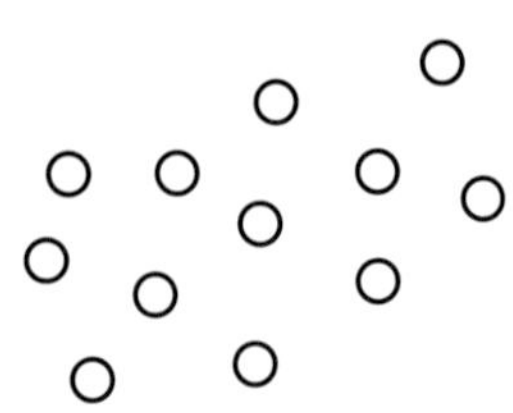

$12 : 4 =$

denn $3 \cdot 4 =$

Wie viele 2er-Tüten?

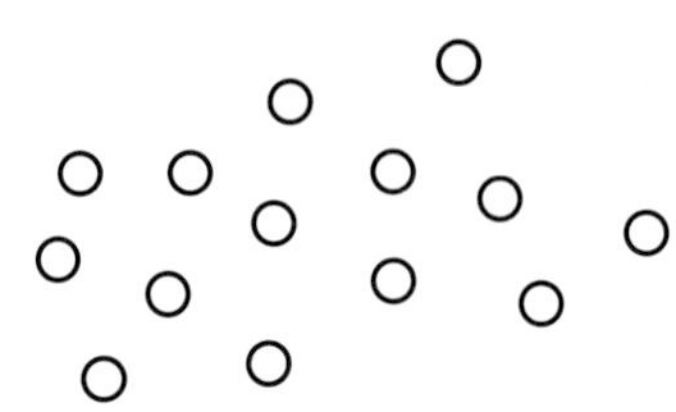

$14 : 2 =$

denn $7 \cdot 2 =$

978-3-589-15989-5 | Kistler/Schneider: Rechnen ohne Stolperstein, Band 4A. Illustrationen: Kristina Klotz

Teile durch 10!

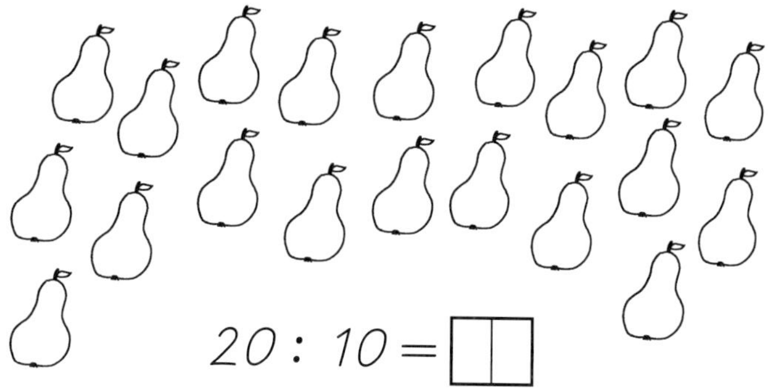

$20 : 10 = \square$

denn $2 \cdot 10 = \square$

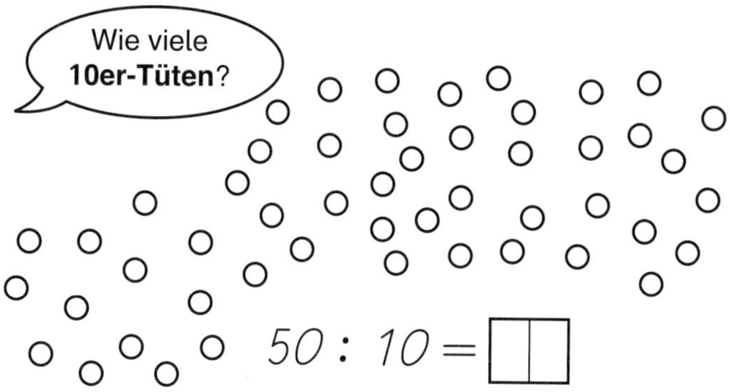

$50 : 10 = \square$

denn $5 \cdot 10 = \square$

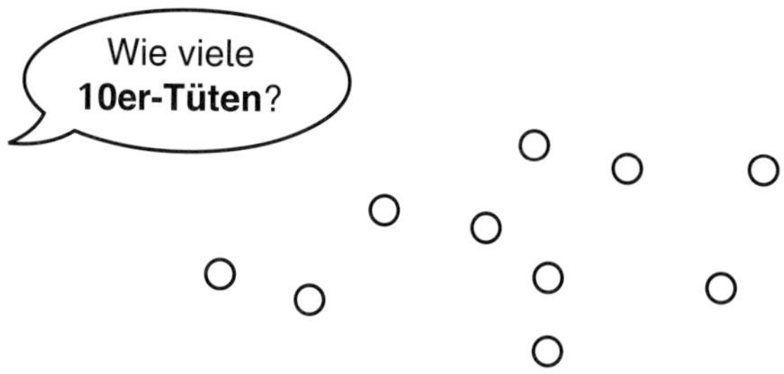

$10 : 10 = \square$

denn $1 \cdot 10 = \square$

Teile durch 10: Die Malaufgabe hilft!

$10 : 10 = \square$

denn $\square \cdot 10 = \square$

$20 : 10 = \square$

denn $\square \cdot 10 = \square$

$30 : 10 = \square$

denn $\square \cdot 10 = \square$

$40 : 10 = \square$

denn $\square \cdot 10 = \square$

$50 : 10 = \square$

denn $\square \cdot 10 = \square$

$60 : 10 = \square$

denn $\square \cdot 10 = \square$

$70 : 10 = \square$

denn $\square \cdot 10 = \square$

$80 : 10 = \square$

denn $\square \cdot 10 = \square$

$90 : 10 = \square$

denn $\square \cdot 10 = \square$

$100 : 10 = \square$

denn $\square \cdot 10 = \square$

Wie heißen die Aufgaben?

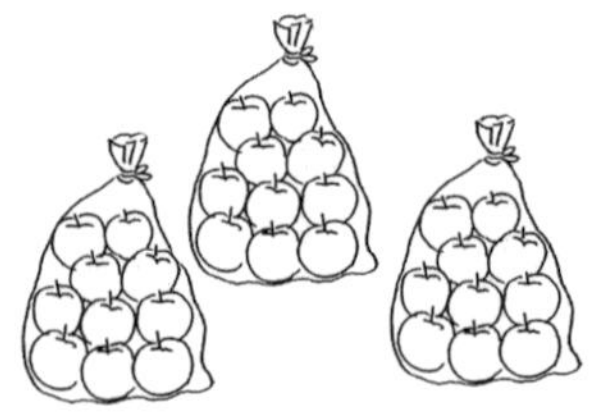

$30 : 10 =$ ☐☐

denn ☐☐ $\cdot 10 =$ ☐☐

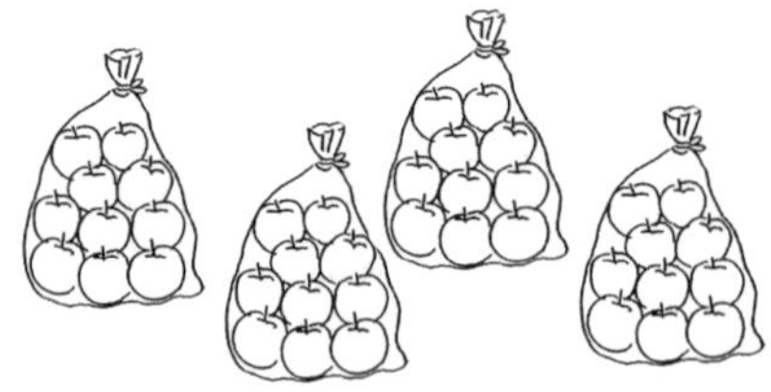

☐☐ : ☐☐ = ☐☐

denn ☐☐ $\cdot 10 =$ ☐☐

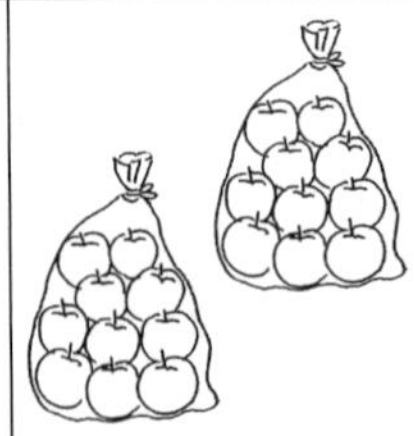

☐☐ : ☐☐ = ☐☐

denn ☐☐ $\cdot 10 =$ ☐☐

Teilen durch

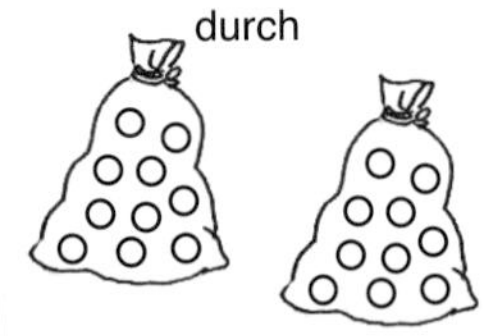

10

Rechne und verbinde der Reihe nach!

$60 : 10 =$ ☐☐	$80 : 10 =$ ☐☐
$10 : 10 =$ ☐☐	$70 : 10 =$ ☐☐
$90 : 10 =$ ☐☐	$100 : 10 =$ ☐☐
$50 : 10 =$ ☐☐	$0 : 10 =$ ☐☐
$30 : 10 =$ ☐☐	$40 : 10 =$ ☐☐

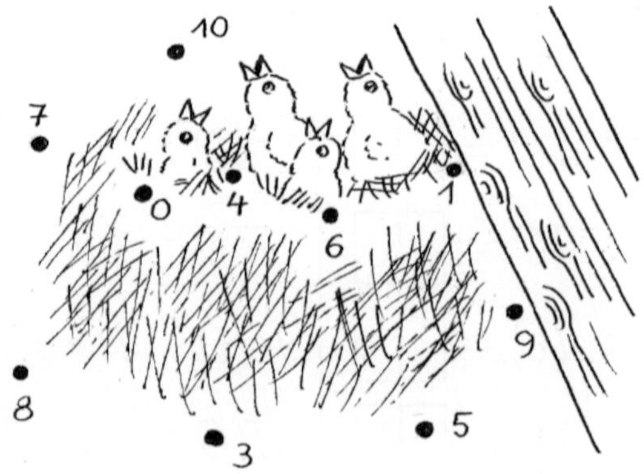

Rätselhaft!

Aufgabe		
$10:10 =$ ☐☐	P 0	D 1
$50:10 =$ ☐☐	A 5	E 7
$20:10 =$ ☐☐	N 4	S 2
$30:10 =$ ☐☐	G 5	I 3
$40:10 =$ ☐☐	E 8	S 4
$60:10 =$ ☐☐	H 9	T 6
$80:10 =$ ☐☐	G 8	H 6
$0:10 =$ ☐☐	U 0	I 1
$90:10 =$ ☐☐	T 9	L 5
$70:10 =$ ☐☐	! 7	? 6

Lösungssatz: ☐☐☐ ☐☐☐ ☐☐☐ ☐

Rechne!

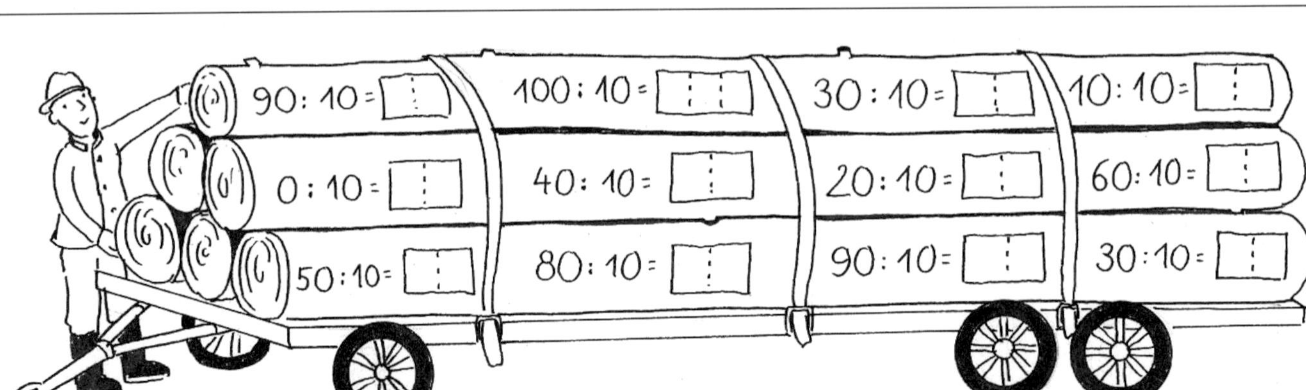

978-3-589-15989-5 | Kistler/Schneider: Rechnen ohne Stolperstein, Band 4A. Illustrationen: Kristina Klotz

Rechne und verbinde!

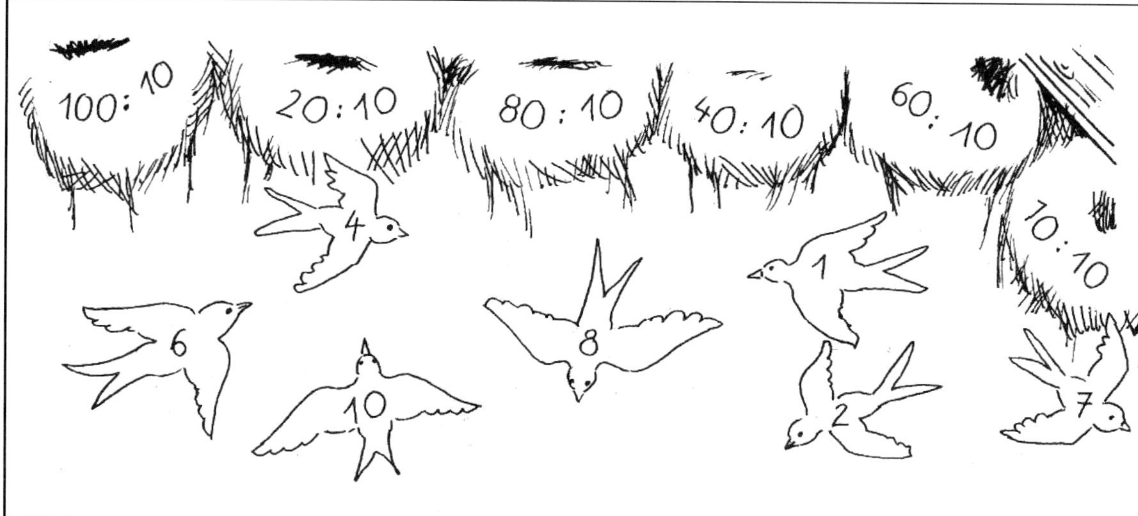

10 : 10 = □□	50 : 10 = □□	30 : 10 = □□	70 : 10 = □□
60 : 10 = □□	80 : 10 = □□	40 : 10 = □□	20 : 10 = □□
50 : 10 = □□	70 : 10 = □□	20 : 10 = □□	10 : 10 = □□
90 : 10 = □□	100 : 10 = □□	100 : 10 = □□	0 : 10 = □□
40 : 10 = □□	20 : 10 = □□	0 : 10 = □□	100 : 10 = □□

Im Gänsemarsch! Schreibe der Reihe nach auf und rechne.

Das kannst du auch! Rechne.

80 : 10 = □□	7 = □□ : 10	□□ = 80 : 10	3 = □□ : 10
□□ : 10 = 4	4 = 40 : □□	9 = 90 : □□	□□ = 50 : 10
□□ = 20 : 10	2 = □□ : 10	5 = □□ : 10	1 = 70 : □□
10 = 100 : □□	□□ = 10 : 10	1 = 10 : □□	□□ = 20 : 10
10 = □□□ : 10	□□ = 60 : 10	□□ = 60 : 10	8 = □□ : 10

Aufgepasst: Mal und geteilt!

Teilen durch

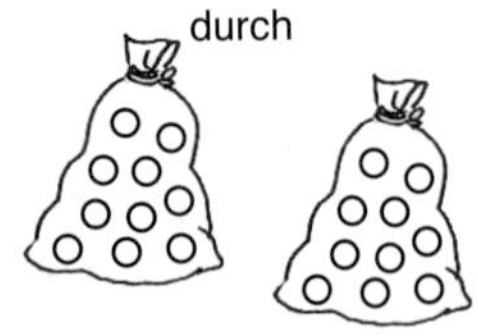

10

1 · 10 = __	4 · 10 = __
7 · 10 = __	40 : 10 = __
30 : 10 = __	60 : 10 = __
3 · 10 = __	9 · 10 = __
50 : 10 = __	80 : 10 = __
10 : 10 = __	100 : 10 = __
10 · 10 = __	20 : 10 = __
2 · 10 = __	6 · 10 = __
90 : 10 = __	50 : 10 = __
5 · 10 = __	0 · 10 = __

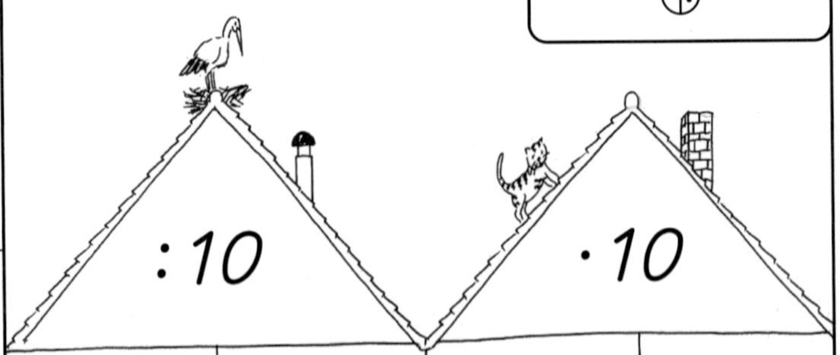

:10		·10	
90	= 9	0	= __
40	= __	__	= 100
__	= 10	__	= 10
70	= __	3	= __
__	= 5	8	= __

Finde passende Mal- und Geteiltaufgaben!

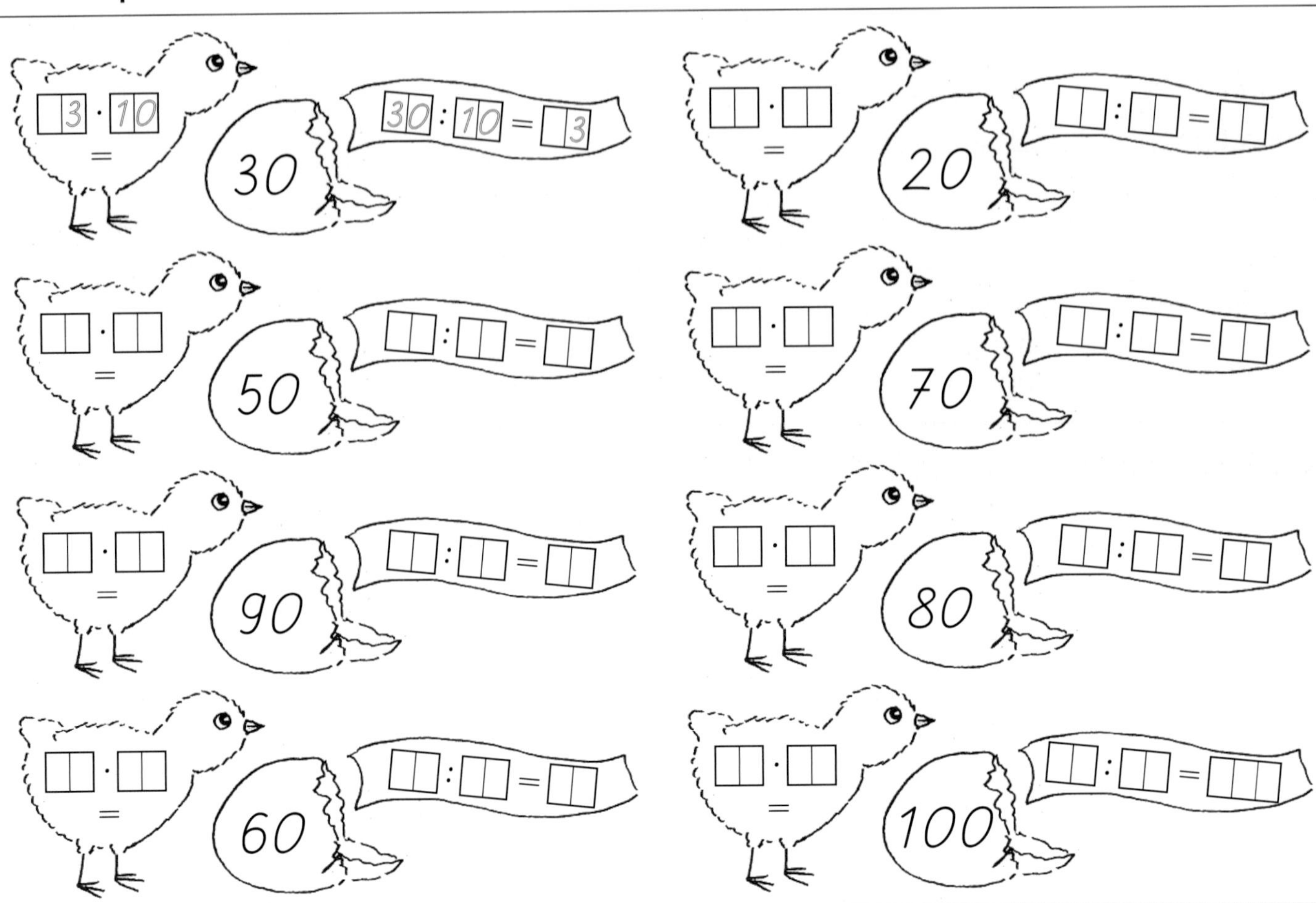

Zahl	Malaufgabe	Geteiltaufgabe
30	3 · 10 =	30 : 10 = 3
20	__ · __ =	__ : __ = __
50	__ · __ =	__ : __ = __
70	__ · __ =	__ : __ = __
90	__ · __ =	__ : __ = __
80	__ · __ =	__ : __ = __
60	__ · __ =	__ : __ = __
100	__ · __ =	__ : __ = __

978-3-589-15989-5 | Kistler/Schneider: Rechnen ohne Stolperstein, Band 4A. Illustrationen: Kristina Klotz

Rechengeschichten

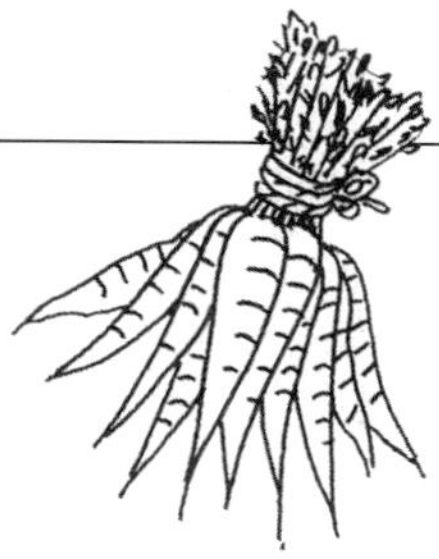

Die Bäuerin erntet 100 Karotten.
Für ihren Hofladen macht sie 10er-Bündel.
Wie viele Bündel kann sie in den Laden legen?

Wir rechnen: ☐☐ ○ ☐☐ ○ ☐☐

Wir antworten: ______________________________

Von drei Hennen sind Küken geschlüpft.
Jede Henne hatte 10 Eier ausgebrütet.
Wie viele Küken laufen auf dem Hof herum?

Wir rechnen: ☐☐ ○ ☐☐ ○ ☐☐

Wir antworten: ______________________________

Für ihren Hofladen sortiert die Bäuerin auch Zwiebeln. In jedes Säckchen gehören 10 Zwiebeln. In ihrem Korb liegen 70 Stück.
Wie viele Säckchen kann sie machen?

Wir rechnen: ☐☐ ○ ☐☐ ○ ☐☐

Wir antworten: ______________________________

Frau Hartl kauft für Antonia, Florian und Matthias auf dem Biohof 10 Gläser Marmelade. Dafür bezahlt sie 20 Euro.
Wie viel Euro kostet 1 Glas Marmelade?

Wir rechnen: ☐☐ ○ ☐☐ ○ ☐☐

Wir antworten: ______________________________

Eine Reitstunde kostet 10 Euro. Claudia, Toni und Lisa kaufen sich zusammen einen Gutschein für 6 Reitstunden.
Wie viel Euro müssen sie bezahlen?

Wir rechnen: ☐☐ ○ ☐☐ ○ ☐☐

Wir antworten: ______________________________

Für einen Ausflug in den Tierpark kaufen 10 Freundinnen Essen und Getränke zusammen ein. Alles zusammen kostet 40 Euro.
Wie viel Euro muss jedes Mädchen bezahlen?

Wir rechnen: ☐☐ ○ ☐☐ ○ ☐☐

Wir antworten: ______________________________

Teile durch 2!

Teilen
durch

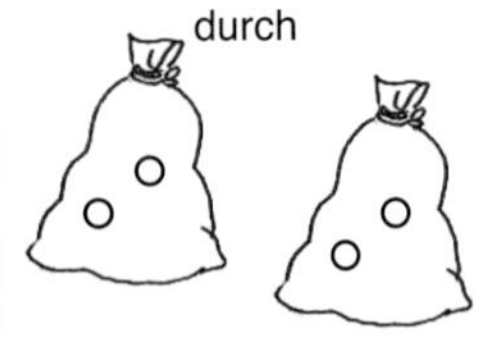

2

16 : 2 = ☐☐

denn 8 · 2 = ☐☐

Wie viele 2er-Tüten kannst du voll machen?

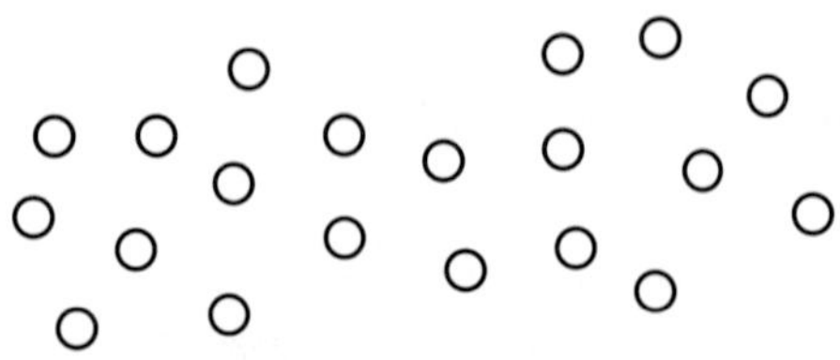

20 : 2 = ☐☐

denn 10 · 2 = ☐☐

Wie viele 2er-Tüten kannst du voll machen?

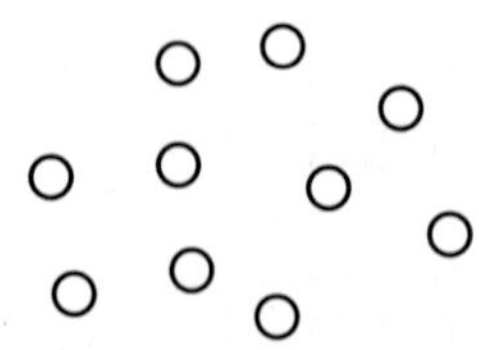

10 : 2 = ☐☐

denn 5 · 2 = ☐☐

Teile durch 2: Die Malaufgabe hilft!

2 : 2 = ☐☐ denn ☐☐ · 2 = ☐☐	12 : 2 = ☐☐ denn ☐☐ · 2 = ☐☐
4 : 2 = ☐☐ denn ☐☐ · 2 = ☐☐	14 : 2 = ☐☐ denn ☐☐ · 2 = ☐☐
6 : 2 = ☐☐ denn ☐☐ · 2 = ☐☐	16 : 2 = ☐☐ denn ☐☐ · 2 = ☐☐
8 : 2 = ☐☐ denn ☐☐ · 2 = ☐☐	18 : 2 = ☐☐ denn ☐☐ · 2 = ☐☐
10 : 2 = ☐☐ denn ☐☐ · 2 = ☐☐	20 : 2 = ☐☐ denn ☐☐ · 2 = ☐☐

978-3-589-15989-5 | Kistler/Schneider: Rechnen ohne Stolperstein, Band 4A. Illustrationen: Kristina Klotz

Wie heißen die Aufgaben?

Teilen durch

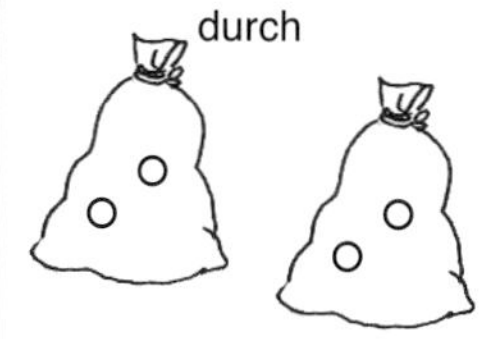

2

	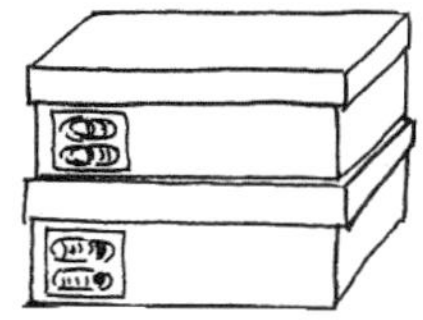	
6 : 2 = ☐	☐ : ☐ = ☐	☐ : ☐ = ☐
denn ☐ · 2 = ☐	denn ☐ · 2 = ☐	denn ☐ · 2 = ☐

Rechne und verbinde der Reihe nach!

20 : 2 = ☐	8 : 2 = ☐
6 : 2 = ☐	18 : 2 = ☐
16 : 2 = ☐	10 : 2 = ☐
12 : 2 = ☐	14 : 2 = ☐
0 : 2 = ☐	4 : 2 = ☐

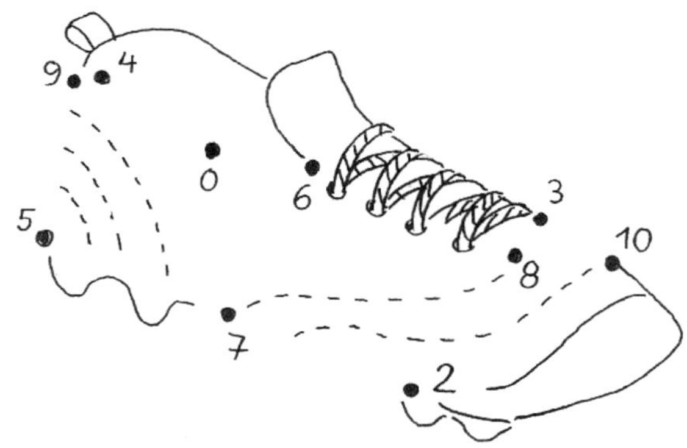

Fußspuren! Schreibe der Reihe nach auf und rechne.

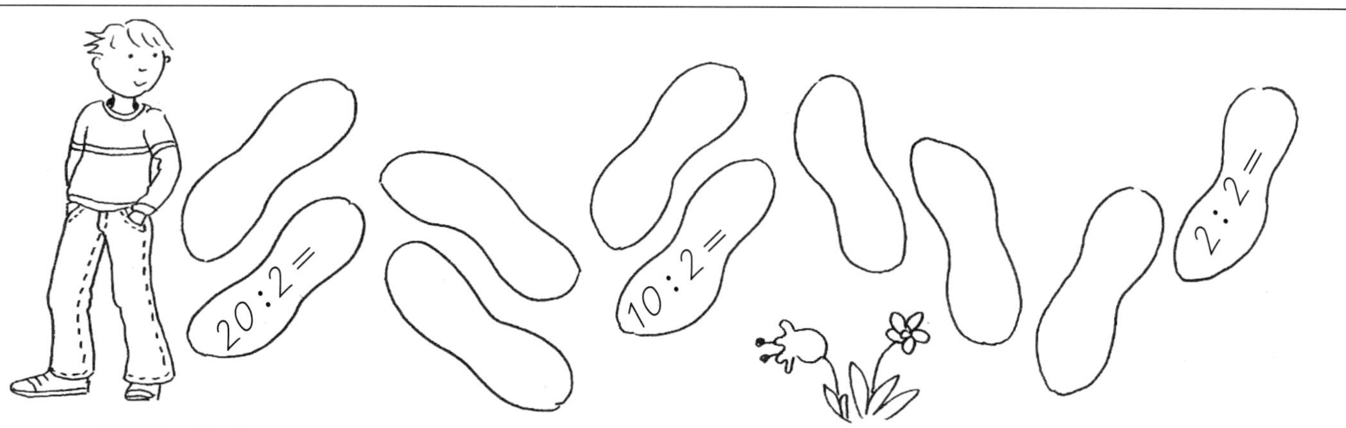

Das kannst du auch! Rechne.

8 : 2 = ☐	7 = ☐ : 2	☐ = 16 : 2	3 = ☐ : 2
16 : 2 = ☐	4 = 8 : ☐	9 = 18 : ☐	☐ = 10 : 2
☐ = 20 : 2	2 = ☐ : 2	5 = ☐ : 2	6 = 12 : ☐
10 = 20 : ☐	☐ = 18 : 2	1 = 2 : ☐	☐ = 12 : 2
10 = ☐ : 2	☐ = 8 : 2	☐ = 6 : 2	8 = ☐ : 2

978-3-589-15989-5 | Kistler/Schneider: Rechnen ohne Stolperstein, Band 4A. Illustrationen: Kristina Klotz

Teile durch 2 und 10!

Teilen durch

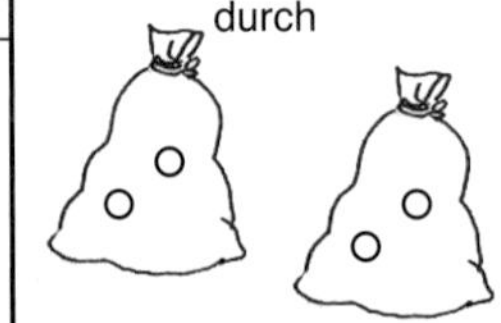

2

2/10

20 : 2 =	40 : 10 =	2 : 2 =
6 : 2 =	90 : 10 =	16 : 2 =
4 : 2 =	0 : 10 =	14 : 2 =
12 : 2 =	70 : 10 =	8 : 2 =
18 : 2 =	80 : 10 =	10 : 2 =

Fehlersuche: Streiche falsche Aufgaben aus. Trage Buchstaben der richtigen Aufgaben unten ein.

K: 8 : 2 = 3	E: 30 : 10 = 3	K: 16 : 2 = 8
G: 50 : 10 = 5	M: 10 : 2 = 5	T: 6 : 2 = 3
U: 14 : 2 = 7	E: 7 : 1 = 7	
T: 10 : 1 = 10	R: 18 : 2 = 9	
G: 12 : 2 = 6	G: 60 : 10 = 60	
I: 19 : 2 = 9	R: 10 : 10 = 0	

Lösung:

Gemischte Geteiltaufgaben: Male die Ergebnisse unten aus!

16 : 2 =	50 : 10 =	8 : 2 =	50 : 10 =
30 : 10 =	20 : 10 =	10 : 2 =	18 : 2 =
20 : 2 =	70 : 10 =	90 : 10 =	12 : 2 =
10 : 2 =	2 : 2 =	14 : 2 =	80 : 10 =
100 : 10 =	12 : 2 =	60 : 10 =	6 : 2 =

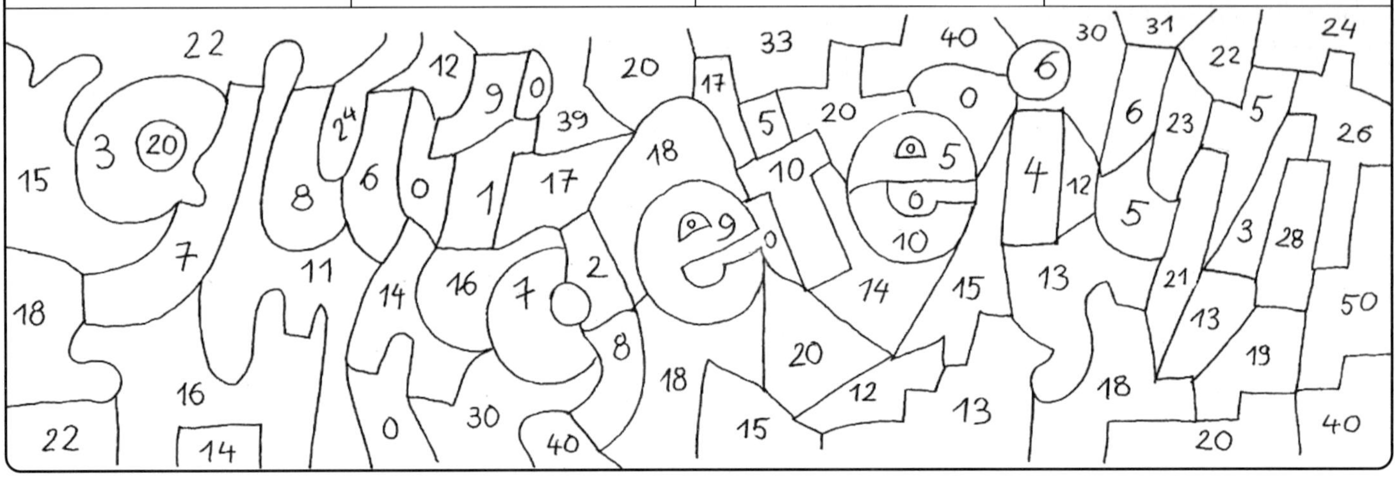

978-3-589-15989-5 | Kistler/Schneider: Rechnen ohne Stolperstein, Band 4A. Illustrationen: Kristina Klotz

Aufgepasst: Mal und geteilt!

5 · 10 = □	4 · 2 = □
2 · 2 = □	6 : 2 = □
70 : 10 = □	16 : 2 = □
6 · 2 = □	3 · 10 = □
30 : 10 = □	14 : 2 = □
8 : 2 = □	18 : 2 = □
9 · 2 = □	40 : 10 = □
7 · 10 = □	5 · 2 = □
80 : 10 = □	90 : 10 = □
12 : 2 = □	4 · 10 = □

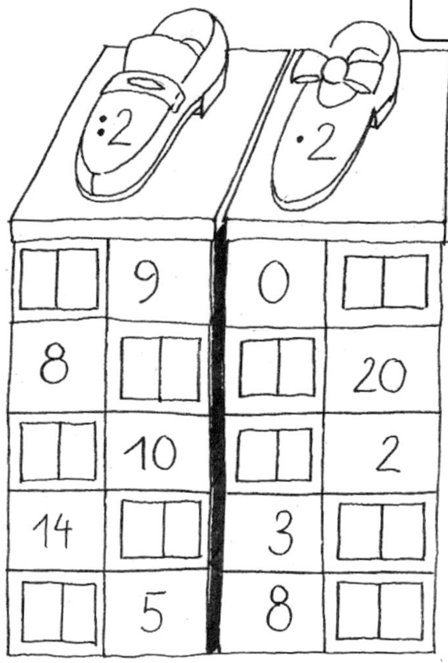

Teilen
durch

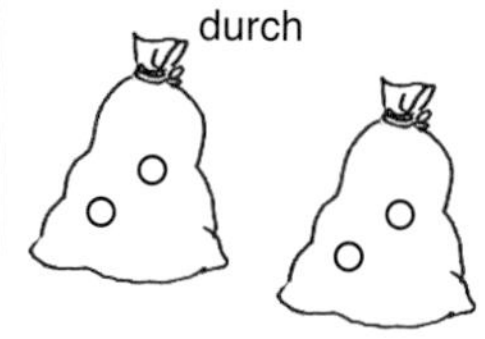

2

2/10

Finde passende Mal- und Geteiltaufgaben!

6 · 2 = | 12 | 12 : 2 = 6

□ · □ = | 50 | □ : □ = □

□ · □ = | 30 | □ : □ = □

□ · □ = | 90 | □ : □ = □

□ · □ = | 100 | □ : □ = □

□ · □ = | 8 | □ : □ = □

□ · □ = | 16 | □ : □ = □

□ · □ = | 18 | □ : □ = □

□ · □ = | 14 | □ : □ = □

□ · □ = | 10 | □ : □ = □

Rechengeschichten

Teilen
durch

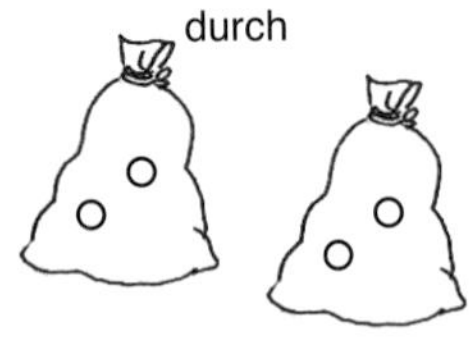

2

2 / 10

„Schau, der Tausendfüßler hat 20 Füße!", ruft Leonhard beim Schulfest.
Wie viele Kinder stehen unter dem Tuch?

Wir rechnen: ☐☐ ◯ ☐☐ ◯ ☐☐

Wir antworten: ______________________________

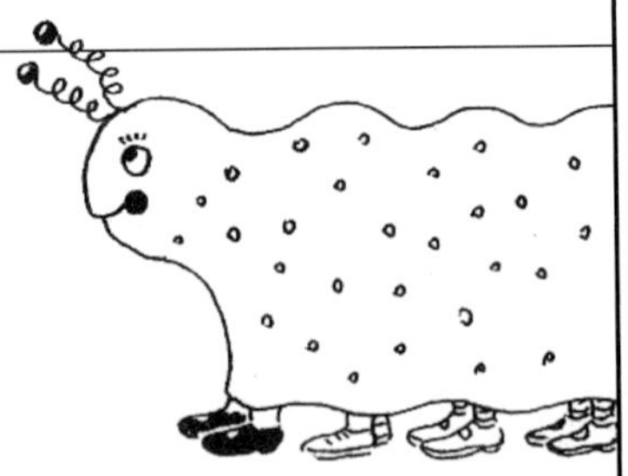

„Die Hühner haben fleißig gelegt! Ich habe vier volle Zehner-Schachteln eingesammelt!", ruft Theresa.
Wie viele Hühner haben ein Ei gelegt?

Wir rechnen: ☐☐ ◯ ☐☐ ◯ ☐☐

Wir antworten: ______________________________

Die 3. Klasse geht zum Turnen. Im Umkleideraum stehen 18 Schuhe.
Weißt du wie viele Kinder schon in der Turnhalle sind?

Wir rechnen: ☐☐ ◯ ☐☐ ◯ ☐☐

Wir antworten: ______________________________

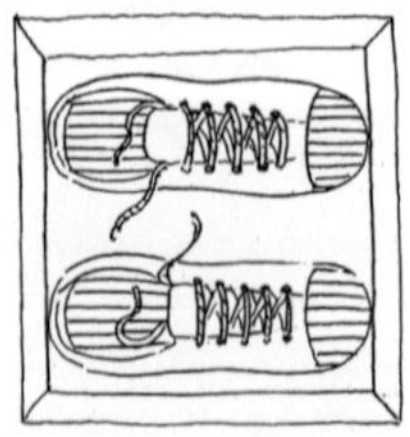

„Zehn Kinder haben mir beim Erdbeerenpflücken geholfen.
Ich habe ihnen 20 Euro dafür gegeben!", sagt Herr Braun.
Wie viel Euro hat jedes Kind bekommen?

Wir rechnen: ☐☐ ◯ ☐☐ ◯ ☐☐

Wir antworten: ______________________________

„In den Ferien war ich mit meiner Familie zehnmal im Schwimmbad.
Dafür haben wir 90 Euro bezahlt!", erzählt Claudia.
Wie viel kostet die Familienkarte für einen Tag?

Wir rechnen: ☐☐ ◯ ☐☐ ◯ ☐☐

Wir antworten: ______________________________

„Ich bekomme zwei Euro Taschengeld in der Woche.
Für das Schullandheim habe ich fünf Wochen gespart!", sagt Bärbel.
Wie viel Geld kann sie mitnehmen?

Wir rechnen: ☐☐ ◯ ☐☐ ◯ ☐☐

Wir antworten: ______________________________

978-3-589-15989-5 | Kistler/Schneider: Rechnen ohne Stolperstein, Band 4A. Illustrationen: Kristina Klotz

Teile durch 5!

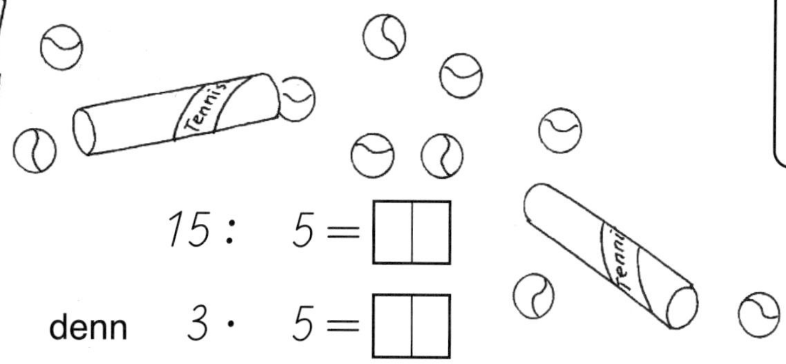

$15 : 5 = \square$

denn $3 \cdot 5 = \square$

Wie viele 5er-Tüten kannst du voll machen?

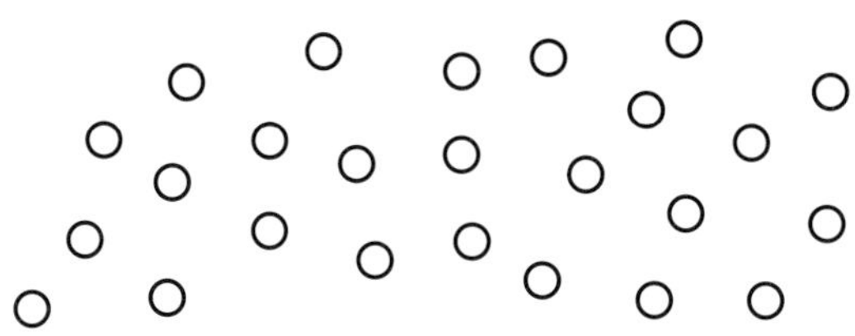

$25 : 5 = \square$

denn $5 \cdot 2 = \square$

Wie viele 5er-Tüten kannst du voll machen?

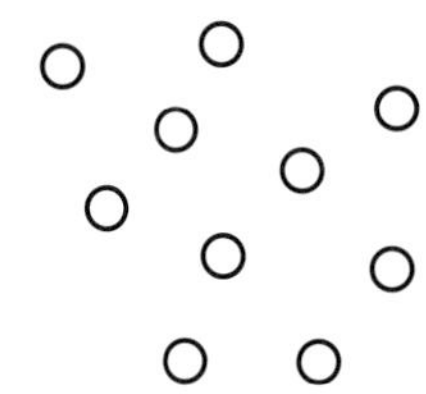

$10 : 5 = \square$

denn $2 \cdot 5 = \square$

Teile durch 5: Die Malaufgabe hilft!

$5 : 5 = \square$ denn $\square \cdot 5 = \square$	$30 : 5 = \square$ denn $\square \cdot 5 = \square$
$10 : 5 = \square$ denn $\square \cdot 5 = \square$	$35 : 5 = \square$ denn $\square \cdot 5 = \square$
$15 : 5 = \square$ denn $\square \cdot 5 = \square$	$40 : 5 = \square$ denn $\square \cdot 5 = \square$
$20 : 5 = \square$ denn $\square \cdot 5 = \square$	$45 : 5 = \square$ denn $\square \cdot 5 = \square$
$25 : 5 = \square$ denn $\square \cdot 5 = \square$	$50 : 5 = \square$ denn $\square \cdot 5 = \square$

… Band 4A. Illustrationen: Kristina Klotz

Wie heißen die Aufgaben?

Teilen
durch

5

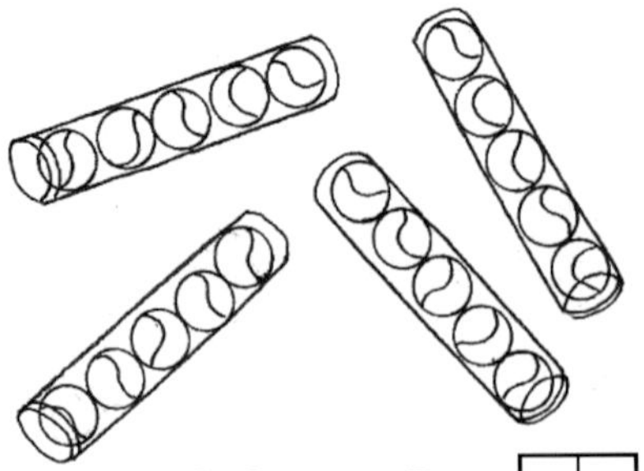

20 : 5 = ☐

denn ☐ · 5 = ☐

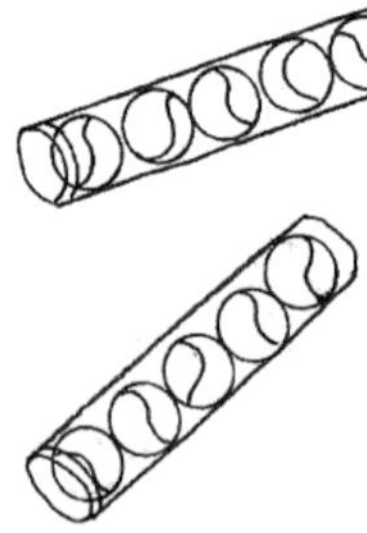

☐ : ☐ = ☐

denn ☐ · 5 = ☐

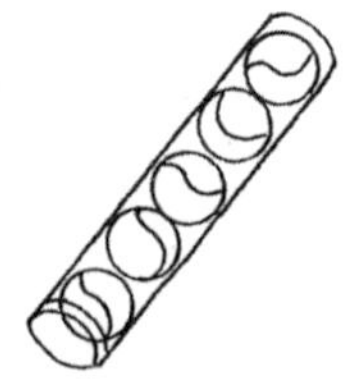

☐ : ☐ = ☐

denn ☐ · 5 = ☐

Rechne und verbinde der Reihe nach!

20 : 5 = ☐	45 : 5 = ☐
5 : 5 = ☐	35 : 5 = ☐
15 : 5 = ☐	30 : 5 = ☐
40 : 5 = ☐	0 : 5 = ☐
10 : 5 = ☐	25 : 5 = ☐

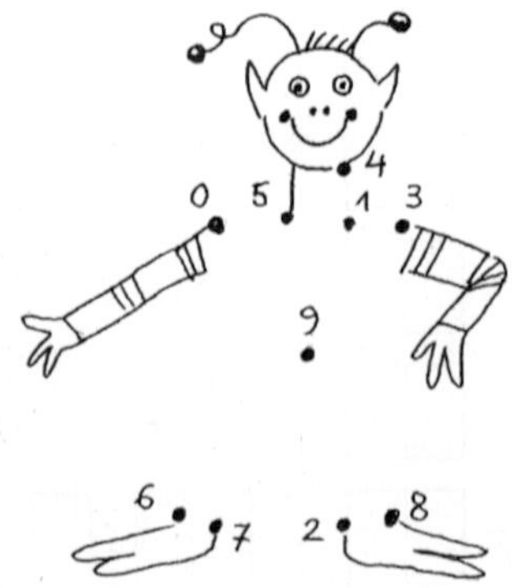

Dominos! Schreibe der Reihe nach auf und rechne.

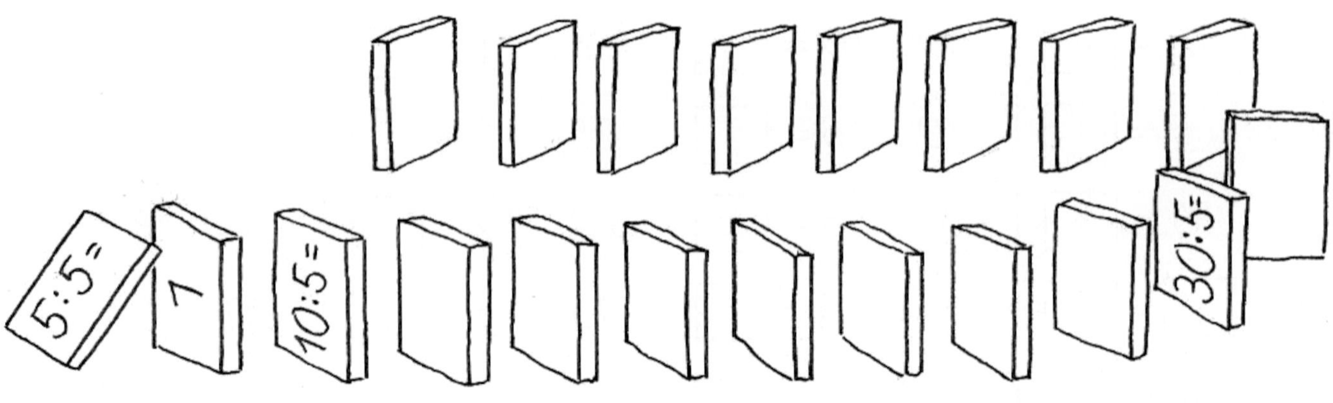

Ufo-Aufgaben

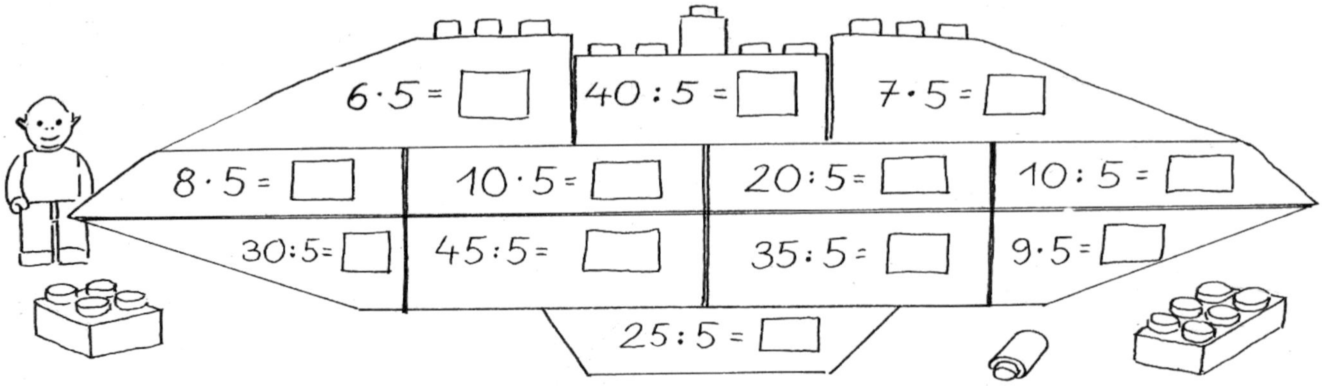

978-3-589-15989-5 | Kistler/Schneider: Rechnen ohne Stolperstein, Band 4A. Illustrationen: Kristina Klotz

Teile durch 2, 10 und 5!

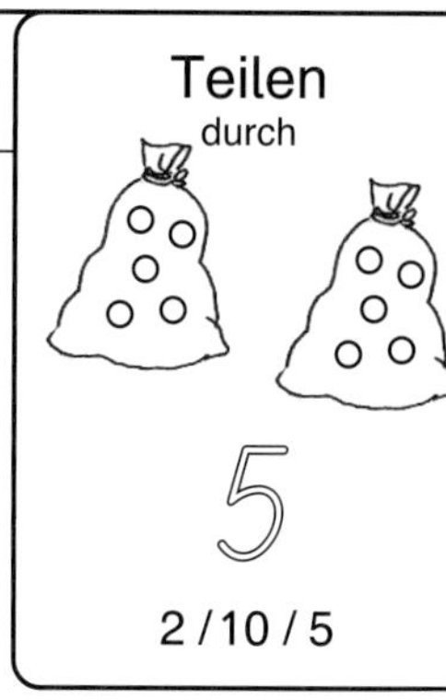

18 : 2 = ☐	60 : 10 = ☐	30 : 5 = ☐
14 : 2 = ☐	70 : 10 = ☐	15 : 5 = ☐
6 : 2 = ☐	30 : 10 = ☐	40 : 5 = ☐
16 : 2 = ☐	90 : 10 = ☐	35 : 5 = ☐
8 : 2 = ☐	80 : 10 = ☐	45 : 5 = ☐

Für Spürnasen: Rechne zuerst, finde dann eine passende Aufgabe!

10 : 10 = ☐	20 : 2 = ☐
10 : 5 = ☐	45 : 5 = ☐
15 : 5 = ☐	80 : 10 = ☐
8 : 2 = ☐	14 : 2 = ☐
☐ : ☐ = ☐	☐ : ☐ = ☐

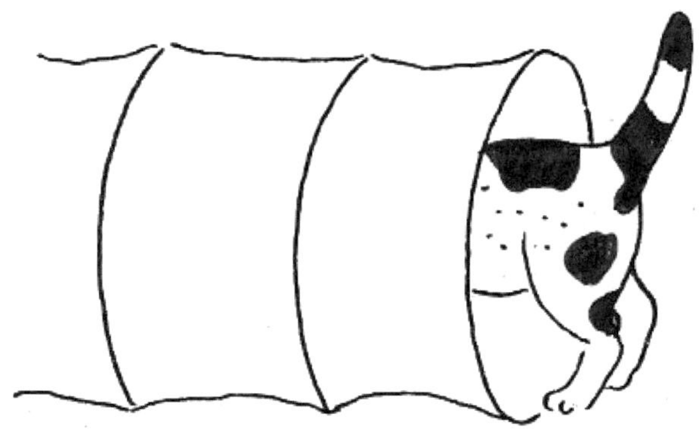

Gemischte Geteiltaufgaben: Male die Ergebnisse unten aus!

16 : 2 = ☐	50 : 10 = ☐	8 : 2 = ☐	30 : 5 = ☐
50 : 5 = ☐	40 : 5 = ☐	25 : 5 = ☐	18 : 2 = ☐
0 : 5 = ☐	20 : 5 = ☐	90 : 10 = ☐	14 : 2 = ☐
35 : 5 = ☐	10 : 5 = ☐	15 : 5 = ☐	80 : 10 = ☐
100 : 10 = ☐	12 : 2 = ☐	60 : 10 = ☐	45 : 5 = ☐

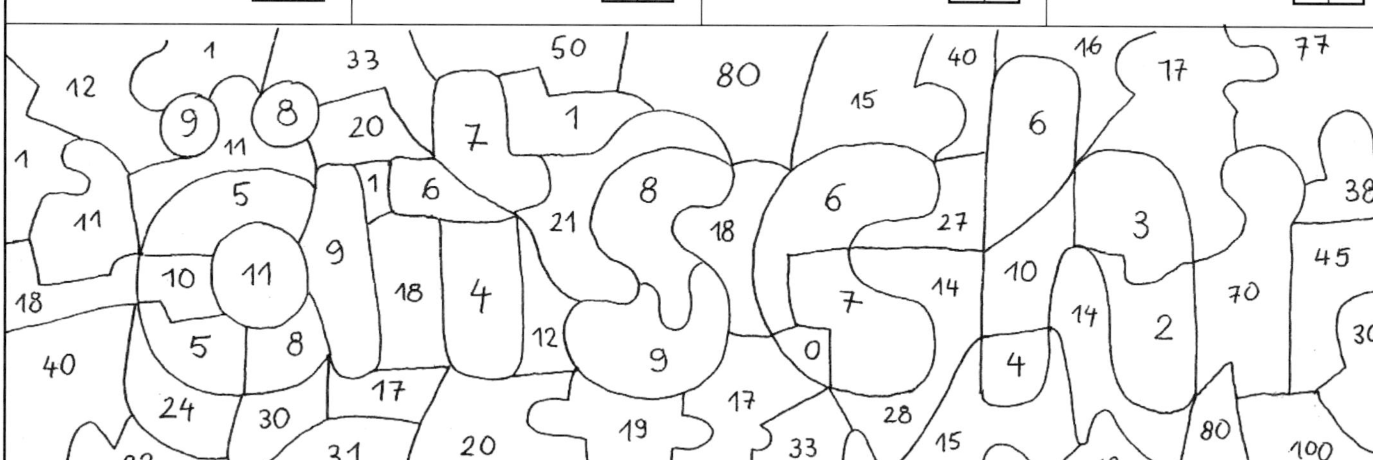

Aufgepasst: Mal und geteilt!

7 · 10 = ☐☐	4 · 2 = ☐☐
7 · 5 = ☐☐	45 : 5 = ☐☐
35 : 5 = ☐☐	16 : 2 = ☐☐
7 · 2 = ☐☐	3 · 5 = ☐☐
30 : 10 = ☐☐	14 : 2 = ☐☐
15 : 5 = ☐☐	18 : 2 = ☐☐
10 · 10 = ☐☐	40 : 10 = ☐☐
9 · 5 = ☐☐	8 · 5 = ☐☐
80 : 10 = ☐☐	25 : 5 = ☐☐
40 : 5 = ☐☐	4 · 10 = ☐☐

Teilen
durch

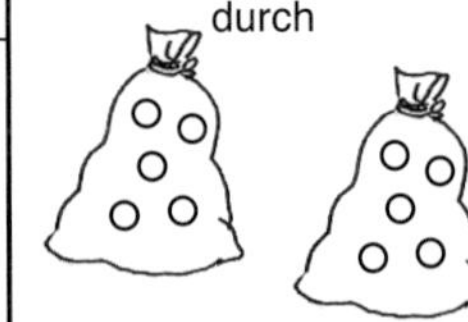

5

2 / 10 / 5

Finde passende Mal- und Geteiltaufgaben!

978-3-589-15989-5 | Kistler/Schneider: Rechnen ohne Stolperstein, Band 4A. Illustrationen: Kristina Klotz

Rechengeschichten

Teilen durch

5

2 / 10 / 5

Fünf Kinder wollen Murmeln spielen.
Sie haben ein Glas mit 20 Murmeln.
Mit wie vielen Murmeln kann jedes Kind spielen?

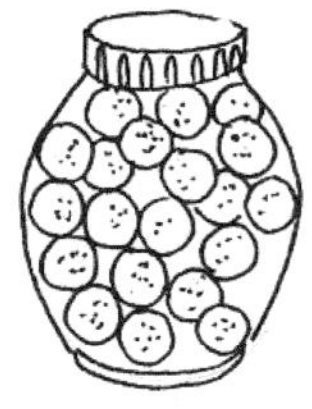

Wir rechnen: ☐☐ ◯ ☐☐ ◯ ☐☐

Wir antworten: ______________________________

Beim Autoscooter gibt es neun Autos.
In jedem Wagen ist Platz für zwei Kinder.
Wie viele Kinder können auf einmal fahren?

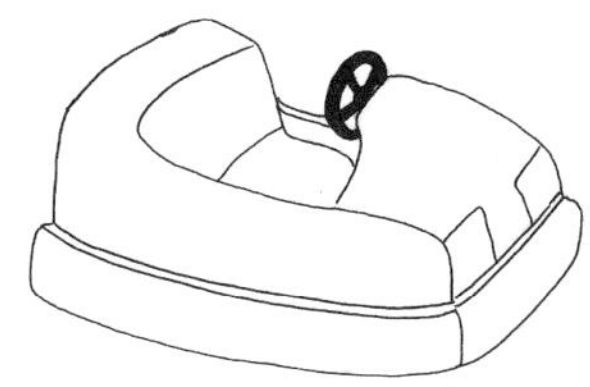

Wir rechnen: ☐☐ ◯ ☐☐ ◯ ☐☐

Wir antworten: ______________________________

Acht Kinder fahren paarweise in den Autoscootern.
Wie viele Autos sind besetzt?

Wir rechnen: ☐☐ ◯ ☐☐ ◯ ☐☐

Wir antworten: ______________________________

Angelika, Ludwig und Anna-Carolin wollen zusammen in den Zirkus gehen.
Der Eintritt für ein Kind kostet fünf Euro.
Wie viel Euro bezahlen die drei Kinder?

Wir rechnen: ☐☐ ◯ ☐☐ ◯ ☐☐

Wir antworten: ______________________________

Frau Brandner geht mit ihren Kindern in den Freizeitpark.
Der Eintritt für ein Kind kostet 5 Euro. Sie bezahlt 20 Euro für die Kinder.
Wie viele Kinder hat sie?

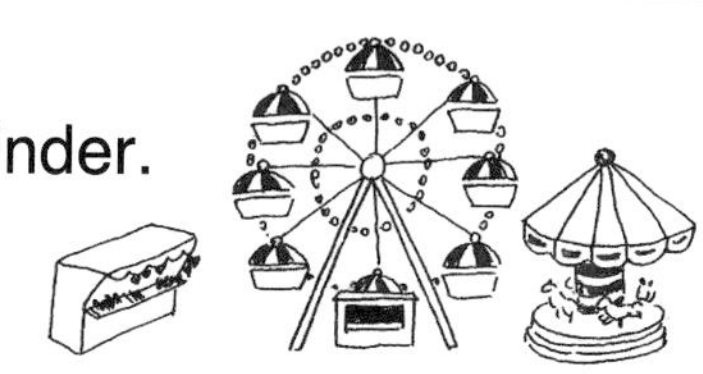

Wir rechnen: ☐☐ ◯ ☐☐ ◯ ☐☐

Wir antworten: ______________________________

Oma lässt sich in der Bank einen 50-Euro-Schein wechseln.
Sie möchte nur 5-Euro-Scheine.
Wie viele Geldscheine erhält sie?

Wir rechnen: ☐☐ ◯ ☐☐ ◯ ☐☐

Wir antworten: ______________________________

Teile durch 4!

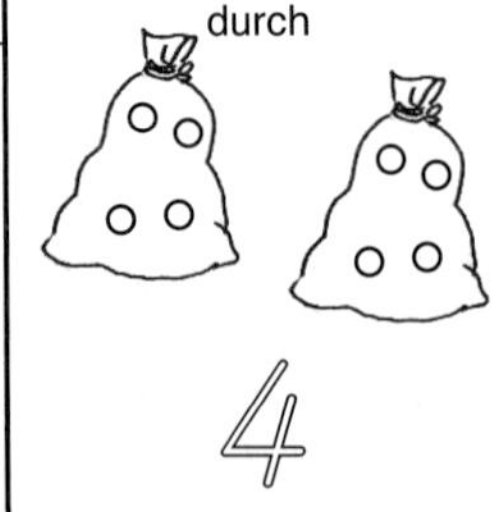

8 : 4 = ☐☐

denn 2 · 4 = ☐☐

Wie viele 4er-Tüten kannst du voll machen?

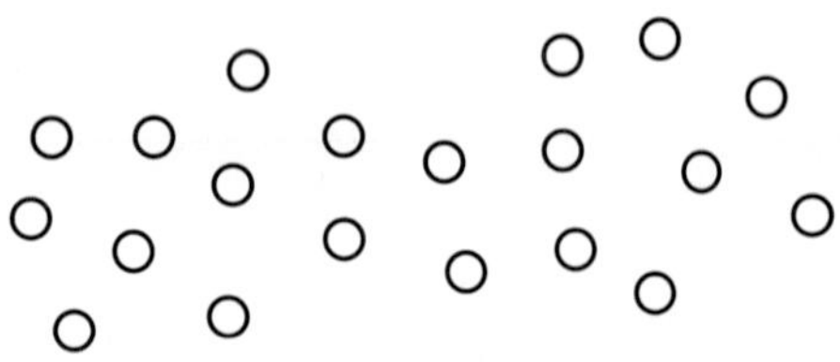

20 : 4 = ☐☐

denn 5 · 4 = ☐☐

Wie viele 4er-Tüten kannst du voll machen?

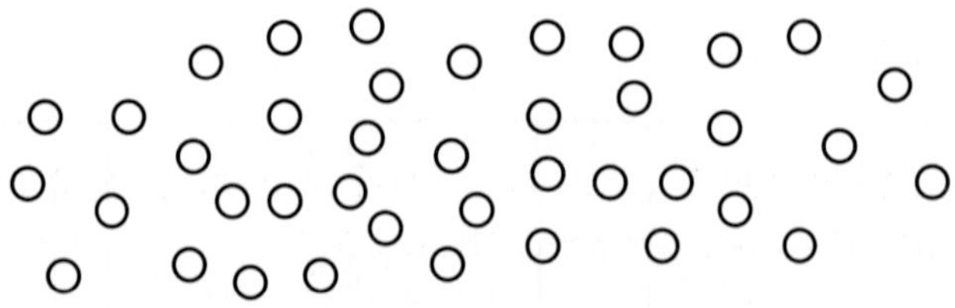

40 : 4 = ☐☐

denn 10 · 4 = ☐☐

Teile durch 4: Die Malaufgabe hilft!

4 : 4 = ☐☐ denn ☐☐ · 4 = ☐☐	24 : 4 = ☐☐ denn ☐☐ · 4 = ☐☐
8 : 4 = ☐☐ denn ☐☐ · 4 = ☐☐	28 : 4 = ☐☐ denn ☐☐ · 4 = ☐☐
12 : 4 = ☐☐ denn ☐☐ · 4 = ☐☐	32 : 4 = ☐☐ denn ☐☐ · 4 = ☐☐
16 : 4 = ☐☐ denn ☐☐ · 4 = ☐☐	36 : 4 = ☐☐ denn ☐☐ · 4 = ☐☐
20 : 4 = ☐☐ denn ☐☐ · 4 = ☐☐	40 : 4 = ☐☐ denn ☐☐ · 4 = ☐☐

978-3-589-15989-5 | Kistler/Schneider: Rechnen ohne Stolperstein, Band 4A. Illustrationen: Kristina Klotz

Wie heißen die Aufgaben?

Teilen durch 4

12 : 4 = ☐

denn ☐ · 4 = ☐

☐ : ☐ = ☐

denn ☐ · 4 = ☐

☐ : ☐ = ☐

denn ☐ · 4 = ☐

Rechne und verbinde der Reihe nach!

20 : 4 = ☐	24 : 4 = ☐
4 : 4 = ☐	32 : 4 = ☐
16 : 4 = ☐	28 : 4 = ☐
40 : 4 = ☐	36 : 4 = ☐
12 : 4 = ☐	8 : 4 = ☐

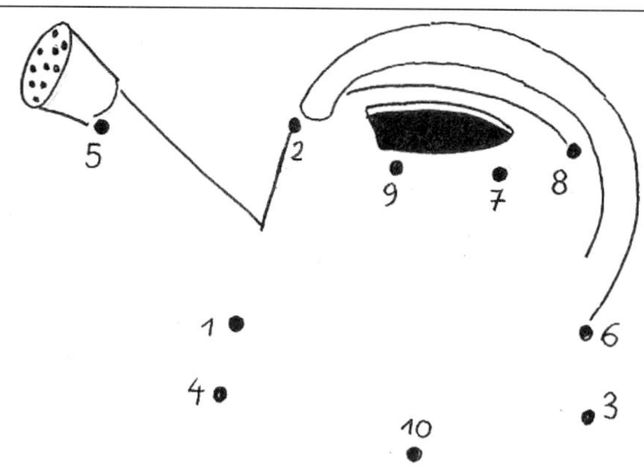

Salatbeet! Schreibe der Reihe nach auf und rechne.

☐ ☐ ☐ ☐ ☐ ☐

8 : 4 =

4 : 4 = 1

☐

40 : 4 =

Garten-Aufgaben

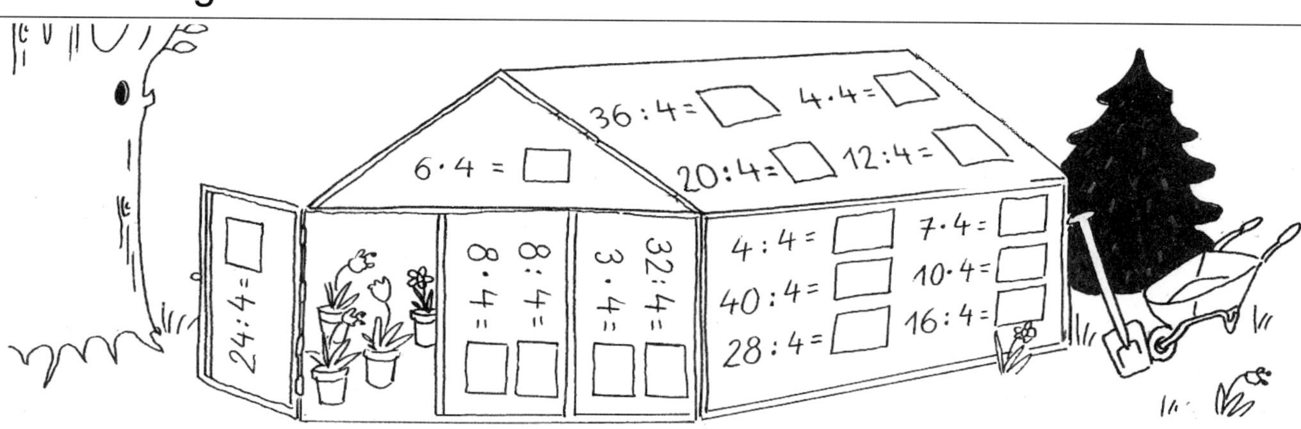

Teilen durch 2, 10, 5 und 4!

Teilen durch

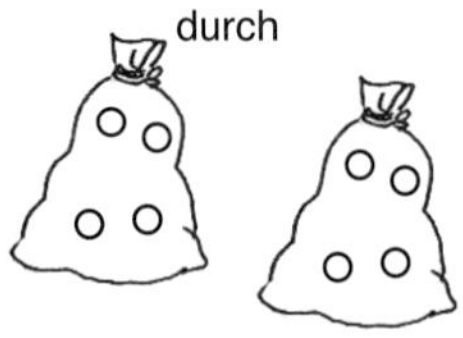

4

2 / 10 / 5 / 4

40 : 10 = ☐☐	50 : 5 = ☐☐	40 : 4 = ☐☐
70 : 10 = ☐☐	15 : 5 = ☐☐	24 : 4 = ☐☐
4 : 2 = ☐☐	35 : 5 = ☐☐	12 : 4 = ☐☐
16 : 2 = ☐☐	30 : 5 = ☐☐	20 : 4 = ☐☐
18 : 2 = ☐☐	45 : 5 = ☐☐	16 : 4 = ☐☐

Für Spürnasen: Rechne zuerst, finde dann eine passende Aufgabe!

100 : 10 = ☐☐	25 : 5 = ☐☐
20 : 2 = ☐☐	10 : 2 = ☐☐
10 : 1 = ☐☐	50 : 10 = ☐☐
50 : 5 = ☐☐	20 : 4 = ☐☐
☐☐ : ☐☐ = ☐☐	☐☐ : ☐☐ = ☐☐

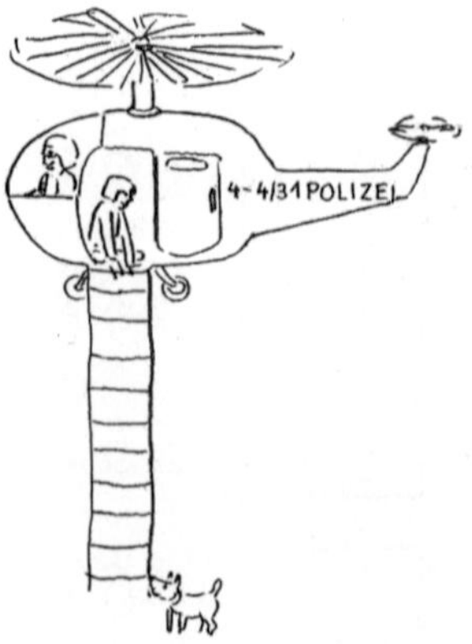

Gemischte Geteiltaufgaben: Schreibe die Lösung unten auf!

Aufgabe			Aufgabe			Aufgabe		
40 : 4 = ☐☐	H 4	B 10	10 : 2 = ☐☐	H 4	U 5	70 : 10 = ☐☐	I 5	E 7
80 : 10 = ☐☐	R 8	Ü 6	20 : 5 = ☐☐	E 5	H 4	8 : 4 = ☐☐	U 2	L 4
50 : 10 = ☐☐	A 5	L 10	16 : 4 = ☐☐	O 5	A 4	12 : 2 = ☐☐	N 5	T 6
35 : 5 = ☐☐	E 6	V 7	18 : 2 = ☐☐	S 9	T 6	45 : 5 = ☐☐	E 9	K 8
8 : 2 = ☐☐	S 6	O 4	32 : 4 = ☐☐	R 6	T 8	36 : 4 = ☐☐	R 10	S 9
24 : 4 = ☐☐	D 6	J 4	60 : 10 = ☐☐	H 6	L 10	90 : 10 = ☐☐	U 9	N 8
40 : 10 = ☐☐	P 4	N 5	40 : 5 = ☐☐	E 8	N 9	20 : 4 = ☐☐	T 4	L 5
14 : 2 = ☐☐	C 5	E 7	16 : 2 = ☐☐	H 9	T 8	30 : 5 = ☐☐	C 5	T 6
12 : 4 = ☐☐	N 4	R 3	28 : 4 = ☐☐	E 7	H 6			
25 : 5 = ☐☐	G 5	W 4	0 : 4 = ☐☐	G 1	I 0			

Lösung: ☐☐☐☐☐, ☐☐ ☐☐☐☐ ☐☐☐☐☐ ☐☐☐☐ ☐☐☐☐☐☐☐ !

978-3-589-15989-5 | Kistler/Schneider: Rechnen ohne Stolperstein, Band 4A. Illustrationen: Kristina Klotz

Aufgepasst: Mal und geteilt!

Teilen
durch

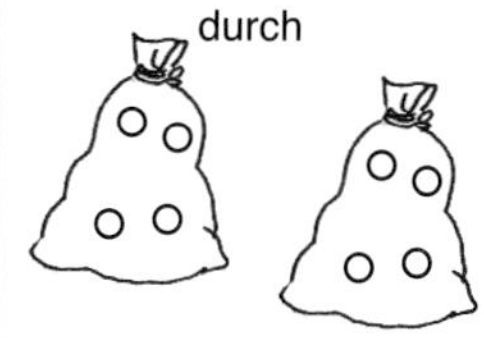

4

2 / 10 / 5 / 4

7 · 4 = ☐☐	4 · 2 = ☐☐
7 · 5 = ☐☐	40 : 5 = ☐☐
35 : 5 = ☐☐	16 : 2 = ☐☐
7 · 2 = ☐☐	9 · 4 = ☐☐
32 : 4 = ☐☐	8 : 4 = ☐☐
40 : 4 = ☐☐	18 : 2 = ☐☐
10 · 10 = ☐☐☐	16 : 4 = ☐☐
9 · 5 = ☐☐	8 · 5 = ☐☐
80 : 10 = ☐☐	25 : 5 = ☐☐
35 : 5 = ☐☐	6 · 4 = ☐☐

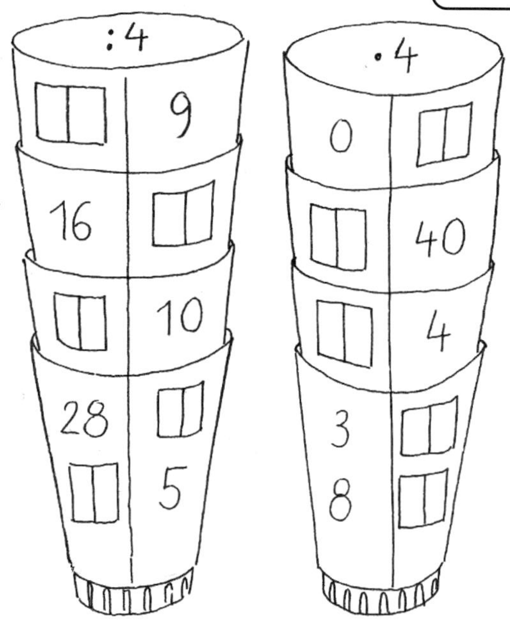

Finde passende Mal- und Geteiltaufgaben!

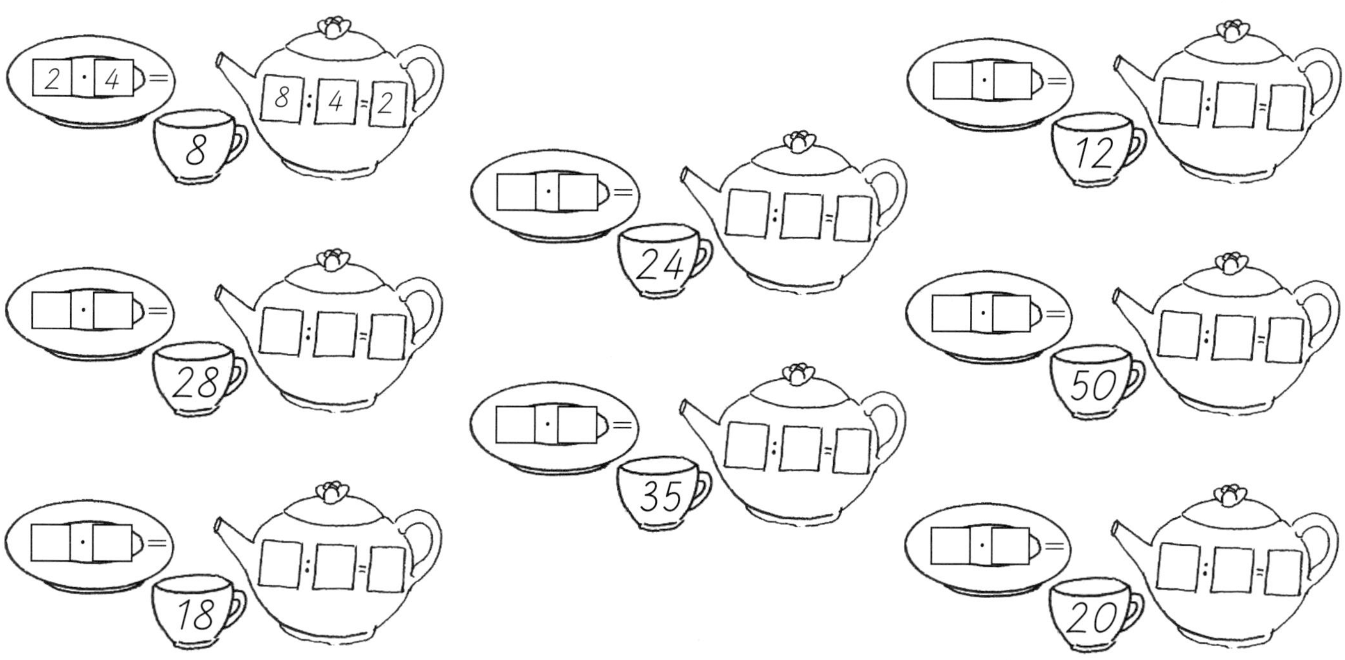

978-3-589-15989-5 | Kistler/Schneider: Rechnen ohne Stolperstein, Band 4A. Illustrationen: Kristina Klotz

Rechengeschichten

Teilen durch 4

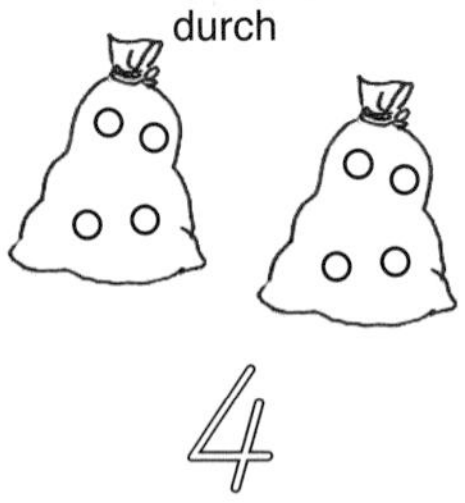

2 / 10 / 5 / 4

Im Körbchen auf dem Tisch stehen noch vier Hörnchen.
Die Eltern sind schon satt, die zwei Kinder nicht.
Wie viele Hörnchen darf jedes Kind essen?

Wir rechnen: ☐☐ ○ ☐☐ ○ ☐☐

Wir antworten: ____________________

Luzia hat 20 Erdbeeren gepflückt.
Sie will sie gerecht auf vier Schälchen verteilen.
Wie viele Erdbeeren legt sie in jedes Schälchen?

Wir rechnen: ☐☐ ○ ☐☐ ○ ☐☐

Wir antworten: ____________________

In die vier Schälchen legt sie auch Weintrauben. In jedes vier Stück.
Wie viele Weintrauben hat sie?

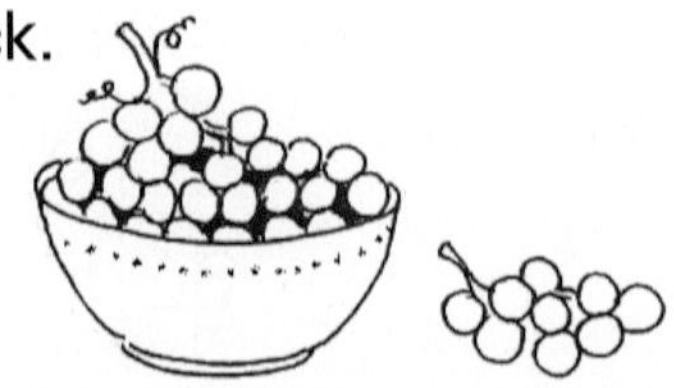

Wir rechnen: ☐☐ ○ ☐☐ ○ ☐☐

Wir antworten: ____________________

Christian hat sich mit Babysitten 16 Euro verdient.
Für einen Einsatz bekommt er 4 Euro.
Wie oft hat er auf Kinder aufgepasst?

Wir rechnen: ☐☐ ○ ☐☐ ○ ☐☐

Wir antworten: ____________________

Für das Straßenfest werden für 20 Euro Brezel gekauft.
Fünf Familien teilen sich das Geld für die Brezel.
Wie viel Euro muss eine Familie bezahlen?

Wir rechnen: ☐☐ ○ ☐☐ ○ ☐☐

Wir antworten: ____________________

Tante Margit und ihre fünf Nichten essen große Eisbecher.
Jedes Eis kostet vier Euro.
Wie viel Euro bezahlt Tante Margit?

Wir rechnen: ☐☐ ○ ☐☐ ○ ☐☐

Wir antworten: ____________________

978-3-589-15989-5 | Kistler/Schneider: Rechnen ohne Stolperstein, Band 4A. Illustrationen: Kristina Klotz

Teile durch 8!

Für wie viele Torten reichen die Kerzen?

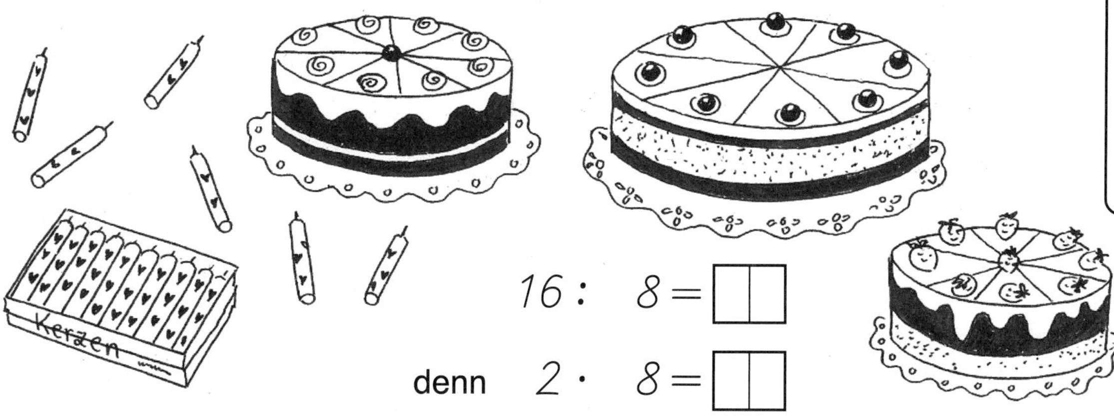

Teilen durch

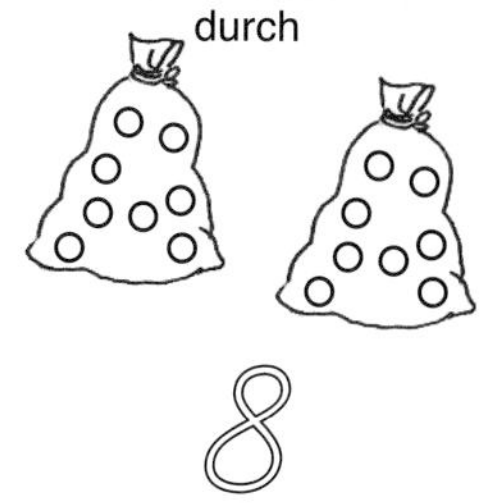

16 : 8 = ☐

denn 2 · 8 = ☐

Wie viele 8er-Tüten kannst du voll machen?

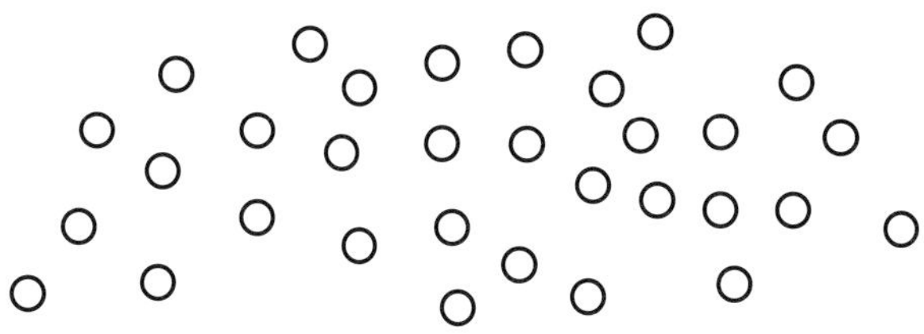

32 : 8 = ☐

denn 4 · 8 = ☐

Wie viele 8er-Tüten kannst du voll machen?

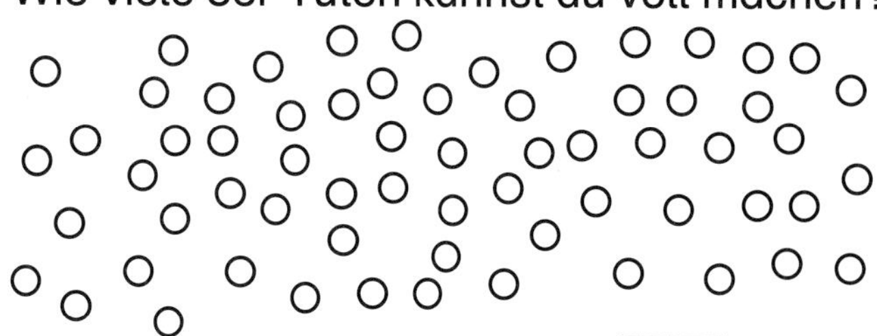

64 : 8 = ☐

denn 8 · 8 = ☐

Teile durch 8: Die Malaufgabe hilft!

8 : 8 = ☐ denn ☐ · 8 = ☐	48 : 8 = ☐ denn ☐ · 8 = ☐
16 : 8 = ☐ denn ☐ · 8 = ☐	56 : 8 = ☐ denn ☐ · 8 = ☐
24 : 8 = ☐ denn ☐ · 8 = ☐	64 : 8 = ☐ denn ☐ · 8 = ☐
32 : 8 = ☐ denn ☐ · 8 = ☐	72 : 8 = ☐ denn ☐ · 8 = ☐
40 : 8 = ☐ denn ☐ · 8 = ☐	80 : 8 = ☐ denn ☐ · 8 = ☐

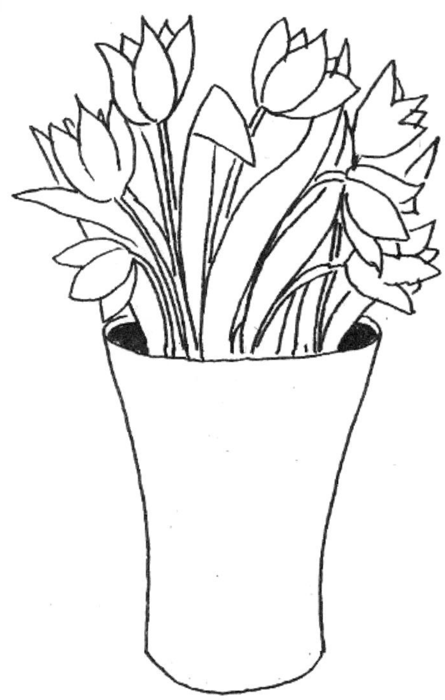

Wie heißen die Aufgaben?

48 : 8 = ☐☐

denn ☐☐ · 8 = ☐☐

☐☐ : ☐☐ = ☐☐

denn ☐☐ · 8 = ☐☐

☐☐ : ☐☐ = ☐☐

denn ☐☐ · 8 = ☐☐

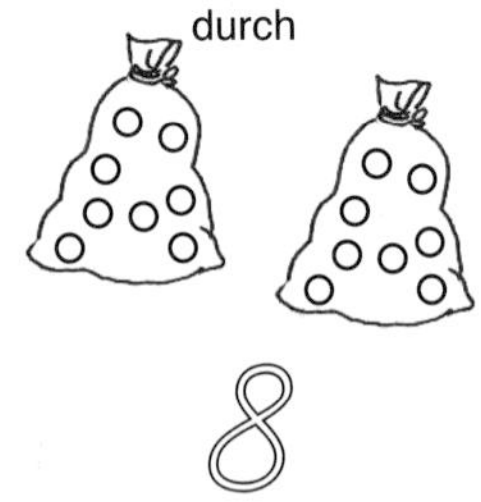

Rechne und verbinde der Reihe nach!

24 : 8 = ☐☐	72 : 8 = ☐☐
8 : 8 = ☐☐	32 : 8 = ☐☐
16 : 8 = ☐☐	64 : 8 = ☐☐
40 : 8 = ☐☐	80 : 8 = ☐☐
56 : 8 = ☐☐	48 : 8 = ☐☐

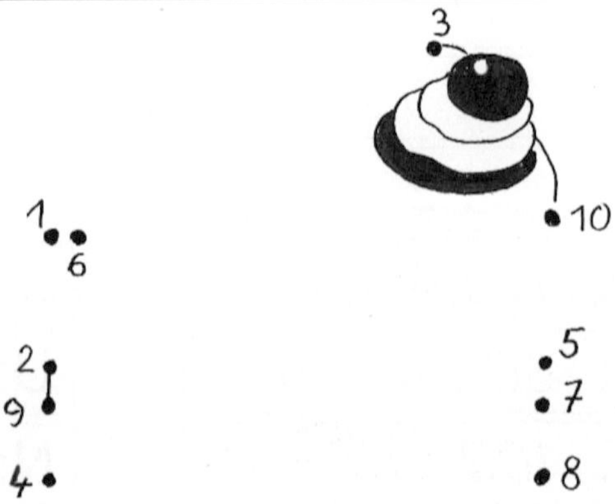

Tischdeko! Schreibe der Reihe nach auf und rechne.

Geschenk-Aufgaben

978-3-589-15989-5 | Kistler/Schneider: Rechnen ohne Stolperstein, Band 4A. Illustrationen: Kristina Klotz

Teile durch 2, 10, 5, 4 und 8!

40 : 8 = ☐☐	20 : 4 = ☐☐	40 : 10 = ☐☐
56 : 8 = ☐☐	28 : 4 = ☐☐	12 : 2 = ☐☐
64 : 8 = ☐☐	12 : 4 = ☐☐	25 : 5 = ☐☐
32 : 8 = ☐☐	24 : 4 = ☐☐	35 : 5 = ☐☐
80 : 8 = ☐☐	16 : 4 = ☐☐	45 : 5 = ☐☐

Teilen
durch

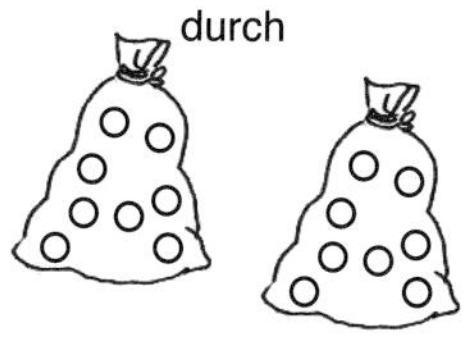

8

2 / 10 / 5 / 4 / 8

Fehlersuche: Streiche falsche Aufgaben aus. Trage Buchstaben der richtigen Aufgaben unten ein.

S: 64 : 8 = 8	R: 56 : 8 = 7	
U: 45 : 5 = 9	K: 18 : 2 = 9	
A: 14 : 2 = 8	O: 41 : 8 = 5	E: 35 : 5 = 6
P: 16 : 4 = 4	I: 25 : 5 = 5	D: 72 : 8 = 9
B: 30 : 4 = 6	U: 32 : 8 = 3	
E: 100 : 10 = 10	N: 36 : 4 = 9	

Lösung: ☐☐☐☐☐ - ☐☐☐☐

Gemischte Geteiltaufgaben: Schreibe die Lösung unten auf!

Aufgabe			Aufgabe			Aufgabe		
40 : 8 = ☐☐	D 5	B 10	64 : 8 = ☐☐	S 8	U 7	72 : 8 = ☐☐	S 9	E 7
80 : 10 = ☐☐	O 10	U 8	20 : 5 = ☐☐	E 5	T 4	8 : 4 = ☐☐	U 2	L 4
80 : 8 = ☐☐	L 5	K 10	16 : 4 = ☐☐	M 5	A 4	16 : 8 = ☐☐	N 4	P 2
32 : 8 = ☐☐	A 4	V 7	18 : 2 = ☐☐	B 9	T 6	45 : 5 = ☐☐	E 9	K 8
8 : 2 = ☐☐	S 6	N 4	32 : 4 = ☐☐	E 8	T 4	36 : 4 = ☐☐	R 9	S 8
24 : 4 = ☐☐	D 4	N 6	48 : 8 = ☐☐	H 7	R 6	56 : 8 = ☐☐	U 9	G 7
40 : 10 = ☐☐	U 4	N 5	40 : 5 = ☐☐	C 8	N 9	20 : 4 = ☐☐	N 5	L 4
14 : 2 = ☐☐	C 5	T 7	0 : 8 = ☐☐	H 0	T 1	30 : 5 = ☐☐	! 6	? 5
12 : 4 = ☐☐	N 4	R 3	28 : 4 = ☐☐	E 6	N 7			
24 : 8 = ☐☐	G 5	E 3	8 : 8 = ☐☐	E 1	I 0			

Lösung: ☐☐ ☐☐☐☐☐☐ ☐☐☐☐ ☐☐☐☐☐☐☐☐ ☐☐☐☐☐☐☐ ☐

Aufgepasst: Mal und geteilt!

Teilen durch

8

2 / 10 / 5 / 4 / 8

$7 \cdot 4 =$ ☐	$4 \cdot 2 =$ ☐
$7 \cdot 8 =$ ☐	$40 : 8 =$ ☐
$35 : 5 =$ ☐	$16 : 2 =$ ☐
$9 \cdot 8 =$ ☐	$9 \cdot 4 =$ ☐
$32 : 4 =$ ☐	$8 : 8 =$ ☐

$64 : 8 =$ ☐	$32 : 8 =$ ☐
$10 \cdot 10 =$ ☐	$16 : 4 =$ ☐
$9 \cdot 5 =$ ☐	$8 \cdot 5 =$ ☐
$80 : 10 =$ ☐	$72 : 8 =$ ☐
$45 : 5 =$ ☐	$6 \cdot 4 =$ ☐

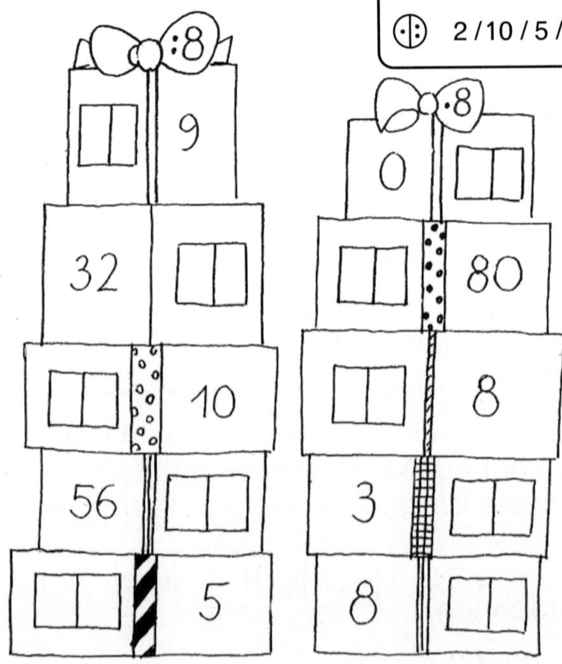

Finde passende Mal- und Geteiltaufgaben!

978-3-589-15989-5 | Kistler/Schneider: Rechnen ohne Stolperstein, Band 4A. Illustrationen: Kristina Klotz

Rechengeschichten

Teilen
durch

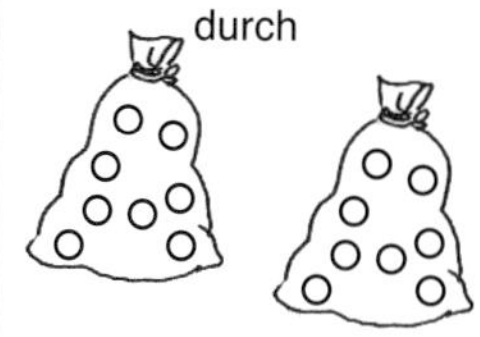

8

⊕ 2 / 10 / 5 / 4 / 8

Für ihren Geburtstag füllt Hannah acht Schälchen mit Gummibärchen. In der Packung sind 64 Stück.
Wie viele Gummibärchen kommen in jedes Schälchen?

Wir rechnen: ☐☐ ○ ☐☐ ○ ☐☐

Wir antworten: ______________________________

Die Kinder angeln kleine Päckchen mit je acht Schokolinsen.
Judith hat fünfmal Glück beim Angeln.
Wie viele Schokolinsen kann sie jetzt essen?

Wir rechnen: ☐☐ ○ ☐☐ ○ ☐☐

Wir antworten: ______________________________

Abends essen die Eltern mit acht Geburtstagskindern zusammen Würstchen.
Papa hat 40 Würstchen eingekauft.
Wie viele Würstchen kann jede und jeder essen?

Wir rechnen: ☐☐ ○ ☐☐ ○ ☐☐

Wir antworten: ______________________________

Die Kinder fahren am Geburtstag auf der Sommer-Rodelbahn.
Franzi bekommt von ihrer Mutter 20 Euro. Eine Fahrt kostet 2 Euro.
Für wie viele Fahrten reicht das Geld?

Wir rechnen: ☐☐ ○ ☐☐ ○ ☐☐

Wir antworten: ______________________________

Simon kauft eine Packung mit acht Wunderkerzen.
Sie kostet 72 Cent.
Wie teuer ist eine Wunderkerze?

Wir rechnen: ☐☐ ○ ☐☐ ○ ☐☐

Wir antworten: ______________________________

Uli kauft acht einzelne Wunderkerzen.
Eine Wunderkerze kostet 10 Cent.
Wie viel muss er bezahlen?

Wir rechnen: ☐☐ ○ ☐☐ ○ ☐☐

Wir antworten: ______________________________

Weitere Titel der Reihe „Rechnen ohne Stolperstein“

Band 1A
Pränumerischer Bereich, Zahlenraum 0 bis 3
ISBN 978-3-589-15983-3

Band 1B
Zahlenraum 4 bis 6
ISBN 978-3-589-15984-0

Band 2A
Zahlenraum 7 bis 10
ISBN 978-3-589-15985-7

Band 2B
Zahlenraum bis 20, Zehnerzahlen bis 100
ISBN 978-3-589-15986-4

Band 3A
Zahlenraum bis 100 ohne Zehnerübergang
ISBN 978-3-589-15987-1

Band 3B
Zahlenraum bis 100 mit Zehnerübergang
ISBN 978-3-589-15988-8

Band 4B
Einmaleins mit 3/6/7/9 sowie Teilen – Neubearbeitung
ISBN 978-3-637-01456-5

Band 5A
Zahlenraum bis 1000 +/- ohne Übergänge
ISBN 978-3-589-15398-5

Lernstandserhebungen allen Bänden
Pränumerischer Bereich und Zahlenraum bis 1000 mit Einmaleins und Teilen
ISBN 978-3-589-16137-9

Rechenplättchen zu allen Bänden
Rechenmaterialien
ISBN 978-3-589-16495-0

Band 5B
Zahlenraum bis 1000 +/- mit Übergängen, Malnehmen und Teilen
ISBN 978-3-589-15399-2

Notizen

Notizen

Ratgeber und Praxishilfen
Kreative Impulse und konkrete Unterstützung

Lehrwerkunabhängige Materialien, die Sie im pädagogischen Alltag spürbar entlasten:

- **Ratgeber** zu allen aktuellen Themen rund um Ihren Unterrichts- und Schulalltag
- **Fachliteratur** zur Methodik und Didaktik – für angehende sowie für erfahrene Lehrkräfte
- **Methodenbücher**, (Lern-)Spiele und Rätselsammlungen – für Ihr Fach sowie fachübergreifend
- **Übungen** zum Wiederholen und Festigen von Inhalten
- **Kopiervorlagen** zu allen gängigen Lehrplanthemen, Kompetenzbereichen und für Vertretungsstunden

Online mehr erfahren:
crnl.sn/unterrichtshilfen

Redaktion: Sabine Müthing, Castrop-Rauxel
Umschlagillustration und Illustration: Kristina Klotz, München
Umschlaggestaltung: Corinna Babylon, Berlin
Technische Umsetzung: PrePress-Salumae.com, Kaisheim; LemmeDESIGN, Berlin

www.cornelsen.de

1. Auflage, 2. Druck 2024

Alle Drucke dieser Auflage sind inhaltlich unverändert
und können im Unterricht nebeneinander verwendet werden.

Druck: H. Heenemann, Berlin

ISBN 978-3-589-15989-5

PEFC
PEFC/04-31-1156

PEFC zertifiziert
Dieses Produkt stammt aus nachhaltig bewirtschafteten Wäldern und kontrollierten Quellen.

www.pefc.de

Anna Kistler / Stefanie Schneider

Rechnen ohne Stolperstein

Band 4A

Einmaleins mit 1/10/2/5/4/8
sowie Teilen

Arbeitsheft / Fördermaterial

Cornelsen